KB022340

기획자의 습관

스치는 일상을
빛나는 생각으로 바꾸는
10가지 비밀

최장순 지음

기획자의 습관

더퀘스트

곡예사의 밤

짐짓 여유로운 척 주머니에 손을 찔러넣는다. 하지만 현실은 여유와 정반대다. 실상은 아슬아슬하다. 한눈을 팔면 곧장 깊은 허공으로 떨어질지 모른다. 목숨을 건 위태로운 외줄타기. 우린 모두 곡예사로 태어났다. 외줄은 우리의 태생적 조건이다. 우리는 떨어지지 않기 위해 균형감각을 배운다. 외줄이 익숙해질 때쯤이면 거센 바람과 비가 외줄을 흔들어댄다. 새로운 균형감각이 필요하다.

그렇게 우린 언제나 균형을 이루며 생(生)을 버틴다. 발은 언제나 위태위태한 현실에 서 있지만, 주머니에 손까지 찔러넣은 채로 여유를 잃지 않는다. 저 먼 하늘과 세상에 빛을 내리는 별들을 바라보며 이상에 잠긴다. 머리는 아직 차오르지 않은, 꿈에 젖은 초승달이다. 그래서 차오를 가능성을 품고 있다.

곡예사는 모두 일상의 외줄을 건너는 기획자다. 곡예사의 밤은, 잠을 잊은 채 생각의 외줄을 타는 기획자의 밤이다. 곡예의 본질은 외줄 위에서 펼쳐지는 화려한 테크닉이 아니다. 떨어지지 않으려 비와 바람이라는 외생변수를 차단하는 일도 아니다. 비와 바람을 받아들이는 자세와, 떨어질 때도 하늘을 향한 시선을 거두지 않는 절실함에 곡예의 본질이 있는 건 아닐까.

레이몽 사비냑은 뒤늦게 성공한 크리에이터다. 그의 작품은 우화적이지만 현실적이고, 시적이지만 기술적이다. 현실의 주제를 단순하게 기술하는 스트레이트 기사와도 같다. 쉽지만, 얄팍하지 않다. 어렵더라도 해석이 가능하다. 매력적이지만, 있는 척을 하지 않는다. 그의 단순하지만 독창적인, 모호한 듯 구체적인 작품을 볼 때면 언제나 겸손해진다. 나도 저런 작품을 만들 수 있을까. 그의 작품에서는 이미지에 부여된 하나의 의미가 또 다른 의미로 움직여 다닌다. 의미는 끊임없는 스캔들을 일으키며, 현재적이면서 미래적인 의미를 만들어낸다. 아직 꽉 차오르지 못한 내 '초승달-머리'는 언젠가 보름달이 될 것이다. 비어 있는 달은 꽉 차오를, 앞으로의 미래에 시간을 내어준다.

《기획자의 습관》을 쓴 지 4년이 훌쩍 지났다. 그동안 초등학생부터 대학생, 이공계 박사님, 가정주부, 군인, 직장인, 기업인들까지 많은 분들이 이 책을 읽고 연락을 주셨다. 여러 말씀 가운데 '용기를 얻었다'는 말씀이 가장 인상 깊다. 분에 넘치는 사랑이다. 그 사랑을 용기 삼아 난 오늘도 열심히 곡예사로 살아간다.

이 책에 나오는 모든 이야기는 대부분 알고 있을지 모를 '기본'에 가까운 습관들이다. 하지만, 그것을 지키며 사는 건 매우 어려운 일이다. 지켜야 안다고 말할 수 있는 게 습관이다. 더구나 무언가 해야 할 일을 습관으로 갖추는 건 더 어렵다. 누군가의 그 어려운 삶을 엿보는 것만으로도, 위로와 용기를 얻을 수 있으리라. 게다가 당신과 동등한, 뛰어날 것도 모자랄 것도 없는 그냥 비슷한 인간이 지켜나가는 습관이라는 걸 보게 된다면, 분명 용기와 희망을 얻을 수 있을 것이다. 이 책이 그런 위로와 용기를 드리길 희망한다.

기획은 우리의 삶이고 우리의 일상이다. 현란한 테크닉을 앞세우며 전문가라는 벽을 세워야 하는 그런 독점적인 활동이 아니다. 당신은 이미 멋진 곡예사다. 그리고 당신의 생(生)은 이미 멋진 기획이다.

캔버스 위의 찰리 채플린,
레이몽 사비냑을 기리며

Raymond Savignac

1907 ——————————————————— 2002

차례

PART 2 기획자의 공부습관

PART 3 기획자의 생각습관

일러두기

0. 이 책에는 구어체가 적당히 섞여 있다. 일상에서 쓰이는 구어체, 심지어 급식체도 언어의 진화를 보여주는 중요한 자산이라고 생각한다. 실제 일상에서 말해지는 언어Parole와 문자 언어Ecriture 사이의 간극을 좁힐 필요가 있다고 생각한다. 이 책에서는 이상한 외래어 표기법을 배격한다. 가령 일상에서는 /컨셉/이라 발음하는데, '콘셉트'라고 쓴다거나 하는 일은 적어도 이 책에는 없다. 발음 표기에 논란이 있는 학자들의 이름은 가장 많이 쓰인 표기법을 따르기로 했다. 정서법상의 문제가 발견된다면 전적으로 저자의 책임이다. 출판사를 탓하지 마시길.

1. 단어 하나하나의 의미에 매우 민감한 편이다. 소설처럼 쉽고 편안하게 읽히는 글이면 좋겠으나, 의미와 맥락을 정확히 짚어야 할 경우 국문 옆에 한자, 영어, 독어, 그리스어, 라틴어 등을 병기했다. 필요에 따라서는 의미도 함께 풀었다. 외국어 단어 자체를 강조해야 할 때나 기획자들의 구어 습관을 반영해야 할 때는 굳이 번역하지 않고 ' ' 안에 외국어 단어를 넣고 의미를 병기했다. 'Why왜'라는 식으로 말이다. 이후 반복되면 'Why'라는 식으로만 등장할 때도 있으니 미리 양해를 구한다.

2. 이 책에는 내가 생활하고 공부하고 생각해온, 작지만 반복적인 습관들을 기록해두었다. 각 습관을 기록할 땐 필요시 인문학적인 관점을 먼저 설명했다. 이후 내 습관들과 그와 관련된 생생한 경험담들이 이어진다.

3. 문장을 인용할 경우 가급적 국내 번역을 인용했으나, 번역이 마음에 들지 않는 경우 원문을 게재하고 직접 번역했다. 번역 출처가 없는 것은 직접 번역한 것이고, 학술적 번역이 아니므로, 약간의 의역이 포함됐다.

4. 습관을 소개하면서 해당 주제와 관련한 인문학 분야의 학술 담론들을 소개했다. 심화 학습을 원하는 독자를 위해 원문이나 인용 출처를 본문 혹은 각주에 표기해뒀다. 학술적 내용에 관심이 없는 독자는 해당 부분을 건너뛰고 읽어도 큰 무리가 없으나, 나의 기획 습관이 형성된 배경을 함께 알아두면 더욱 좋을 거라 생각한다.

기획에는 정석이 없다.

고작 3평 남짓한 꽉 막힌 공간에서 대부분의 생각들이 정리된다. 넓은 사무실보다는 내 좁은 공부방이 훨씬 편하다. 기획을 위한 단서가 하나라도 발견되면, 의자 뒤를 돌아 벽면을 둘러싼 책장을 뒤지기 시작한다.

키워드 하나가 떠오를 때마다, 자유로운 브레인스토밍을 하기 전에 그 키워드와 관련된 역사, 산업, 인문학, 트렌드, 유행 등을 살핀다. 인터넷을 통해 회화, 사진, 건축, 아티클 등을 닥치는 대로 조사한다. 그리고 생각을 묶어낸다. 내가 생각을 정리하고 기획하는 방식이다.

대학 시절 이후 지난 20년간 끊임없이 관심을 둔 것은 의미 Significance였다.

'저 사람 표정은 무슨 의미지?'

'정말 말처럼 좋은 것일까?'

'왜 저런 옷을 입고 왔을까?'

'조명은 왜 저렇게 노란 것일까?'

'테이블 배치는 왜 이런 걸까?'

'연애할 때 여자들은 아무거나 먹어도 좋다면서 왜 남친이 먹자는 건 싫다는 걸까?'

'괜찮다고 하면서 표정은 왜 저런 걸까?'

'벽지를 왜 저 색상으로 도배한 걸까?'

'동남아 친구들은 교정기를 끼고 왜 당당히 웃을 수 있을까?'

'소비자들은 좋다고 하면서 왜 정작 그 제품을 사지 않는 걸까?'

말로 하는 언어, 말이 아닌 암호, 표정, 제스처, 음악, 회화, 건축 모두가 의미를 실어 나르는 '기호'가 된다. 이 기호Sign들을 이해하고, 의미를 공부하고, 그 의미가 더 이상 필요 없게 될 때는 과감히 해체De하여 재구축하는 과정을 기획이라 부른다.

그래서, 기획은 곧 디자인Design이다.

우리는 생활을 '디자인'하며 살아간다. 당신이 단돈 만원으로 장을 볼 때도 기획을 하게 된다. 라면 한 봉지와 무엇을 먹을지 고민하는 그 순간에도 당신은 순식간에 기획자로 변신한다. 라면에 참치 캔을 사서 약간의 '영양'을 선택할 것인지, 라면에 소주 한 병을 사서 스스로에 대한 '위로'를 선택할 것인지, 그 짧은 찰나에 '영양'과 '위로'라는 컨셉을 기획하고 있는 것이다. 기획은 언제나 우리 일상에 있다.

"네 계획은 뭔데?!"

"그래서 결론이 뭐요? 어쩔 계획인데요?"

많은 이들이 '고정된' 계획에 관심을 둔다. 계획Plan은 기획 과정을 거쳐 최종 승인된 결과다. 대부분 결론적인 계획에만 집중해, 그것을 잘 끌어내기 위한 프로세스나 방법론 정도로 기획을 좁게 들여다본다. 하지만 기획의 과정은 보다 광범위하다. 보다 맥락적Contextual이다.

기획은 특정 프로젝트를 위한 공식이 아니라, 일상을 관통하는 습관이다. 그리고 습관의 끊임없는 '진화'만이 기획을 기획답게 만들어준다.

대부분의 경우 계획은 실천되지 않는다. 현실은 시시

각각 움직이고 변화하는 데 반해 계획은 '고정된' 채 머물러 있는 탓이다. 그래서 계획은 대개 실패로 남고, 우리는 늘 새로운 계획을 찾아 헤맨다. 그래서인지, 새로운 계획을 찾아 헤매는 '기획'의 과정을 다룬 책들이 시중에 적지 않다. 대부분 기획서를 만드는 절차와 공식, 방법론에 관한 것이다. 그런 책들도 누군가에겐 너무나 절실히 필요하고 유용하다. 하지만, 기획은 기획서가 아니다.

일상을 재발견하고 디자인하는 데 매번 절차나 공식이 필요한 것은 아니다. 기획자의 머릿속에 섞여 있는 다양한 맥락과 정보, 즉 의미를 지닌 기호들이 어우러져 갑작스레 기획의 단초가 떠오를 때가 많다.

모든 방법론은 하나의 도구일 뿐, 더욱 중요한 것은 '일상의 의미를 파헤치고 새로운 의미를 발견하려는 노력'이다. 그러한 일상의 노력을 통해 우리 머릿속에 다양한 생각의 흔적이 새겨지고, 이는 탄탄한 기획력의 원천이 된다.

이 책은 기획의 방법론이나 공식을 달달 외워 흉내 내봤지만, 막상 잘 되지 않아 스트레스 받는 누군가를 위한 책이다. 오늘을 빡빡하게 살아가는 당신에게 약간의 여유와 다소간의 용기를 주고 싶었다. 이 책을 한마디로 요약하라고 한다면, '별 것 아닌 습관들이 어떻게 기획력을 증대시키는지 보여주는 텍스트'라고 할 수 있을 듯하다.

사람들은 자기보다 못한 누군가를 보면 위안을 얻고 삶에 용기를 얻는다. 그래서 많은 이들에게 용기와 위로를 줄 수 있는 내 비밀 하나를 밝히겠다.

중학교 때 마지막으로 치렀던 IQ 평가에서 내 점수는 109밖에 되지 않았다. 100을 간신히 넘는 이 IQ는 아마도 동물과 인간을 구분 짓는 어느 경계에 있는 것으로 알고 있다. 참고로 보노보 침팬지의 IQ가 120이라고 한다. 그런 나도 지금 기획을 하며 먹고산다. 기획이라는 걸 통해 브랜드를 분석하고, 브랜드를 만들고 있다. 기획과 크리에이티브를 어려워하는 당신께 용기와 위로를!

기획이라는 단어가 주는 억압감으로부터 해방되기를-

공식에서 벗어나 자유롭게 생각하고 즐겁게 상상하는 습관을 기르길-

기획의 방법론, 혹은 공식을 달달 외우는 일은 이제 그만하기를-

생각이 자유로워지면, 다양한 방법론들을 자유롭게, 나만의 방식으로 요리할 수 있게 된다. 기획에는 천재가 없다. 마찬가지로 기획에는 정석도 없다.

Ewige Wiederkehr des Gleichen
동일한 것의 영원한 반복

동일성과 차이
변하지 않는 것과 변하는 것
반복과 극복
기획은 이 둘 사이의 줄다리기다.

기획은 기획자만 하는 게 아니다.
식당을 고르는 일, 메뉴를 선택하는 일,
퇴근 후 만날 친구를 정하는 일,
영화를 고르는 것부터 주말 일과를 정하는 일,
모두가 기획이고, 우리는 매일 기획을 한다.

기획企劃

어떤 일을 도모하고企, 그 생각들을 나누어 보는 것劃.

기획이 없으면 사는 대로 생각하게 된다.

생生은 기획한 대로 살아갈 필요가 있다.

기획은 기획자의 전유물이 아니다.
일상을 책임감 있게 살아가려는 모든 이들이 할 수 있는,
사유의 한 형식이다.

PART 1

기획자의
생활습관

기획자의 불규칙적인 생활을 알고 나면,
아무도 기획자가 되려고 하지 않을 것 같습니다.

생활의 발견

매일 아침이면 다시 출근을 해야 한다. 출근하자마자 '투두리스트To do List'를 작성하고 오늘 할 일, 내일로 미룰 일, 이번 주에 할 일, 이번 달에 할 일을 구분한다. 오늘 해야 할 일은 오늘 해내야 하고, 빠르게 결정지어야 할 일들은 너무 굼뜨지 않게 결정해야 한다. 결정으로 인해 생길지도 모를 '의도하지 않은 결과'를 최소화하기 위해 동료들과 여러 가설을 검토한다. 서로가 검토할 역량이 부족하다 느끼면 공부와 취재를 시작하고, 필요하면 비용을 들여 자문을 받는다.

우리는 일반 회사원들과는 사뭇 다르게 생활한다. 필요하면 하루 종일 밖에 나가 있을 때도 있다. 필요하면 늦게 출근한다. 다만 동료들에게 미리 이야기해야 한다. 필요하다면, 일과 중에 영화도 보러 간다. 또 필요하다면, 일과 중에 술을 마실 때도 있다. 필요하다면, 뭐든 한다.

시장 조사나 리프레시를 위해서 다 같이 해외를 나가기도 했다. 복장이든 뭐든 상대적으로 자유로운 분위기다. 불편한 행정적 결재나 문서는 많지 않다. 서류를 아예 없애도 봤었는데, 동아리인지 회사인지 구분이 되지 않아 행정 절차를 일부 도입했다. 나중에 귀찮으면 다시 없앨지도 모를 일이다.

어떤 기획자들은 생활이 꽤 화려하다. 그들을 보고 있으면 모든 기획자들이 패션 센스가 뛰어난 것 같다. 그뿐 아니라, 그들의 SNS를 들여다보면 매일같이 해외 어느 유명 호텔에, 유명 장소에 체크인 했다는 인증샷들이 올라온다. 소주보다는 고급 위스키를 즐기는 것 같기도 하다. 기획의 세계에는 이른바 금수저들만 있는 것처럼 보인다.

굉장히 매력적으로 보이는 이 생활. 기획자들의 생활이다. 함정이 하나 있다면, 그런 화려한 생활을 즐기는 사람들은 지극히 일부라는 점. 또 하나의 함정은 엄청나게 높은 업무 강도와 평균 대비 짧은 수명이다. 살아갈 날을 줄이더라도 기획물을 통해 영원히 살고자 하는 사람들. 알아서 몸 관리를 하지 않으면 요단강 건너갈 수도 있다는 농을 아무렇지 않게 던지는 사람들. 기획이 뭐길래 대체 그들은 목숨을 걸고 이렇게 유난을 떠는 걸까. 난 왜 그렇게 살고 있는 걸까.

사실 기획은 그리 거창한 게 아니다. 쉽게 말하면, '어떻게 하면 되지?'라는 생각이 곧 기획이다. 기획은 '어떻게 하면'이라는 '방법How'의 차원, '하면'이라는 '실행 Implementation'의 차원, 그리고 '되지?'라는 '효과Effect'의 차원을 동시에 담고 있다.

원하는 결과를 먼저 정하고, 그것이 효과로서 나타날 수 있도록 유도하는 것이다. 좀 더 있어 보이게 표현하면, 기획은 특정 대상에 대해, 특정한 목적을 정하고, 그 목적을 달성하는 데 가장 적합한 행동을 디자인하는 것이다.

대부분의 사람들은 기획은 기획자들에게나 필요한 일로 생각하는 듯하다. 하지만 우리는 기획자가 아니더라도 매일 기획을 하며 살아간다. '점심은 뭘 먹을지' 고민하는 것도 기획이다.

'영양'을 기획한다면 삼계탕을 먹자고 할 수도 있다. 삼계탕 집에 언제나 긴 대기줄이 있다면, 점심시간 되기 20분 전에 나가야 한다는 구체적인 행동까지 기획한다. 어떠한 어려움도 없이 말이다.

식사를 통한 '동료애의 강화'를 기획했다면 음식의 종류보다는 좀 더 오래, 눈치 보지 않고 앉아서 대화를 할수 있는 식당으로 갈 수도 있겠다.

'새로운 맛'이 목적이라면 그간 먹어보지 못한 음식이 무엇인지, 무얼 좋아하는지 동료들에게 물어보고(타겟 분석), 범위가 좁혀져 근처 식당 후보군이 선정되면 포털이나 인스타 검색으로 핫^{hot}한 곳이 어디인지 다시 알아본다(트렌드 조사). 그리고 그곳의 메뉴는 무엇이고, 누가 먹어봤는지, 소비자 반응은 어떠했는지 리뷰를 찾아본다(소비자 조사). 식당에 도착하면 먼저 먹고 나오는 사람들의 반응을 살피고, 테이블에 어떤 음식이 있었는지 훔쳐본다(참여 관찰). 마침내 메뉴를 정하게 되고 '새로운 맛'을 음미한다(구매). 먹고 나오면서 동료들끼리 식당 서비스 전반과 음식에 대해서 이야기 나누고 다음에 또 올 건지 말 건지도 이야기한다(평가).

이 모든 과정은 순식간에 일어나는 고도의 기획 과정이다. 점심식사 하나가 이러한데, 아침부터 잠들기 전까지 모든 사람의 모든 일상에 기획이 없다고 한다면 가당키나 한 걸까.

엣지 오브 투모로우

무척 좋아하는 영화다. 톰 크루즈의 액션도 액션이지만, 영화의 시나리오가 참 좋았다(더그 라이만 감독, 톰 크루즈/에밀리 블런트 주연, 2014년).

주인공 빌 케이지는 광고인이었다. 광고 회사가 망하자 군대의 홍보 장교가 된다. 외계인과의 전쟁에 나가 용감히 싸우자는 광고에 출연해 수많은 청년들을 군대로 끌어들이는 역할이다. 그러던 어느 날 그는 전쟁터에 직접 나가 홍보하라는 명령을 받게 된다. 자신은 전투 병력이 아니라며 명령에 불복하지만 전쟁터에 억지로 끌려온다. 그리고 상관 명령에 불복해 탈영하려 한 파렴치한 군인으로 낙인찍혀 계급까지 병사로 강등된다.

케이지는 첫 전투에 참여하자마자 외계인의 피를 뒤집어 쓴 채로 죽음을 당한다. 외계인의 피에는 시간을 되돌리는 초능력이 담겨 있어, 그는 전투에서 죽을 때마다 다시 당일 아침으로 돌아와 영원히 하루를 반복하는 군인이 되고 만다. 영원히 같은 일상을 반복하다 보니, 그는 자기에게 일어날 모든 일을 알게 되고, 무수한 전투의 반복을 통해 실력이 뛰어난 전투병으로 거듭나게 된다. 이러저러한 우여곡절 끝에 외계인을 이길 수 있는 새로운 방법들을 찾게 되고, 마침내 외계인을 전멸시킨다는 이야기다.

이 영화의 원작은 사쿠라자카 히로시 글, 아베 요시토시 삽화의 일본 소설이다.

'올 유 니드 이즈 킬All You Need Is Kill'

같은 내용인데 제목이 다르다. 일본 원작의 타이틀은 주인공의 행위 자체에 초점을 맞추었다. 외계인을 죽이는 것이 계속 반복된다는 점이 강조된 듯하다. 이에 반해 할리우드의 인식은 웬일인지 보다 철학적이다. '엣지 오브 투모로우Edge of Tomorrow'. 내일의 가장자리. 내일로 가는 듯한 순간에 다시 오늘의 시작점으로 되돌아간다는, 시간에 대한 인식을 담고 있다. 영원히 동일한 사태가 반복되는 상황. 왠지 우리 일상과 비슷하지 않은가?

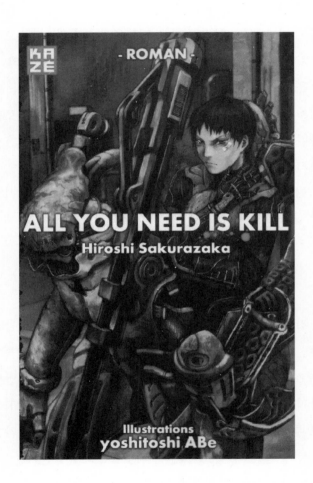

매일이면 학교에 가야 했던 초중고등학생의 일상. 1~8교시 후 자율학습. 이후 좀 더 자유로워지긴 했으나 별다를 것 없이 비슷한 나날을 반복해온 대학 생활(군 생활의 엄격한 시간 관리는 굳이 예시로 들지 않겠다). 매일 아침 일어나면 출근해야만 하고, 야근을 밥 먹듯 하고도 억지 회식에 이른 아침 출근에 몸을 혹사시키고, 그 가운데에 서도 버티는 삶을 살고 있는 이 땅의 많은 직장인들. 하지만, 좀처럼 바라는 '내일'은 오지 않고 언제나 '내일의 가장자리'에 머물러 또 하루를 반복하고 있는 우리들.

감독은 바로 그 지점을 놓치지 않는다. 바에 앉아 술을 마시는 케이지의 한숨과 표정을 통해 수도 없이 똑같이 반복되는 전투에 대한 지겨움, 회의감, 매너리즘을 표현한다. 삶에 대한 우리의 태도와 비슷하지 않은가.

니체Friedrich Nietzsche는 '영원회귀'라고 말한다. 이 개념은 직역하자면, '동일한 것의 영원한 반복Ewige Wiederkehr des Gleichen'을 의미한다. 시간은 순환적이고, 동일한 사건들이 반복된다는 것이다.

출근, 상사의 지적, 클라이언트의 끊이지 않는 요구, 가계 대출의 발생, 가족 문제, 취업 문제, 취업에 성공해도 여전히 반복되는 진로의 문제, 반복되는 고민과 술자리, 이직을 해도 해결되지 않는 커리어의 고민… 우리의 삶은 어찌 보면 '영원회귀'의 생生이라 할 수 있다.

'반복되는 생활'은 우리에게 주어진 공통 조건이다. 하지만 그 공통 조건 하에서 그저 시간을 버티며 순응하고 살 것인지, '내일의 가장자리'를 넘어 '내일'로 나아가려 노력할 것인지, 그 삶의 태도를 결정짓는 건 각자의 몫이고 각자의 능력이다.

니체는 차라투스트라Zarathustra의 입을 빌려, 입 속에 뱀이 들어가 목구멍을 꽉 물어버린 한 양치기의 이야기를 전한다[1]. 그 양치기는 몸을 비틀고 캑캑거리고 경련을 일으키며 얼굴을 찡그리고 있다. 아마 숨이 붙어 있는 한 계속 그 상태를 유지하다 죽을 것이다. 이 상황을 보고 차라투스트라는 손으로 뱀을 잡아당기고 또 잡아당기지만, 아무리 힘껏 당겨도 뱀은 꼼짝하지 않는다. 그러자 차라투스트라는 이렇게 명령한다.

"뱀 대가리를 물어뜯어라! 물어뜯어라!"

---

1 프리드리히 니체, "환영과 수수께끼에 대하여", 《차라투스트라는 이렇게 말했다(Also sprach Zarathustra)》, 정동호 옮김, 책세상, 2000.

양치기는 뱀 대가리를 단숨에 물어뜯고 멀리 뱉어내고는 벌떡 일어나 환히 웃었다. 니체는 이 양치기가 더 이상 그 전의 양치기가 아니라, '변화한 자', '빛으로 감싸인 자'가 되었다고 말했다. 양치기는 생生을 억누르는 필연적 조건을 극복한 사람이다.

영원할지도 모를 '동일한' 조건 속에 사는 우리들. 그 안에서 '내일의 가장자리'에 머무르는 대신, 조금씩 꾸준히 생활에 틈새를 낼 수 있는 '차이'의 습관을 마련할 수 있다면, 좀 더 나은 '내일'을 기획할 수 있지 않을까.

동일한 '내일'이 아니라, 좀 더 다른 '내일'을 기획하기 위한 작은 차이의 연습은 지금 우리 생활을 다른 무언가로 바꿔준다. 이 작은 '차이의 습관'을 통해 우리는 생활의 진정한 의미를 발견할 수 있다.

그러한 습관이 반복되면, 우리는 일체의 반복되는 억압의 조건들을 극복해 '살아 움직여야 한다'는 당위를 깨닫게 된다. 그리고 비로소 '생활生活'은 '살아 움직인다.'

생활의 의미를 발견하고 실천할 때 우리는 '환히 웃는 자', '변화한 자', '빛으로 감싸인 자'가 될 수 있다고 믿는다. 좀 더 나은 내일을 위한 작은 차이의 연습. 내일의 기획은 공식이나 방법론, 프로세스 따위가 아니라, 바로 이곳에서부터 시작되어야 한다.

esse est percipi.

존재하는 것은 지각知覺된 것이다.

관찰의 힘

관찰은 한마디로 '보고 살피는 것'이다(볼 관觀, 살필 찰察). 시선은 언제나 깨어 있어 보는 것에 민감해야 한다. 익숙한 풍경 속에서 미세한 변화를 살필 줄 아는 섬세함이 필요하다. 그뿐이다. 관찰은 그리 거창한 게 아니다.

선배의 안경테가 바뀐 것을 알아보고 "안경 바꾸셨네요?"라고 말하는 것, 동료에게 "헤어스타일 너무 멋지게 바꿨는데?!"라고 이야기해주는 것, "저 가게 결국 문 닫았나!" 하고 거리의 변화를 눈치 채는 것. 이런 일상적 행위가 모두 관찰이다.

관찰을 통해 파악할 수 있는 건 바로 그 변화의 지점이다. 무엇이 그대로 있고, 무엇이 변화했는지 파악해내는 '관심'이 필요하다. 감각을 갖춘 사람들은 모두 감각이 허락하는 범위 내에서 세상에 '관심'을 보이고, 변하는 것과 변하지 않은 것을 구분 짓는다. 그리고 나에게 들어오는 정보를 파악한 뒤 내 생각과 행동에 반영할 정보들을 취사선택한다.

기획력의 두 가지 원천

관찰은 나를 향하는 구심적 관찰과 내 외부 환경에 대한 원심적 관찰로 나뉜다. 두 가지 유형의 관찰은 모두 중요하다. 외부의 변화를 파악해야 그에 적응하기 위한 나의 태도를 취할 수 있으며, 내 상태를 파악해야 외부 환경에 맞출 수 있는 자기 역량의 정도를 가늠할 수 있기 때문이다.

관찰의 원심력과 구심력은 팽팽한 균형을 이뤄야 한다. 그래야 관찰의 끝에 매달린 '기획력'은 보다 안정적인 궤적을 그려갈 수 있다.

관찰의 원심력과 구심력

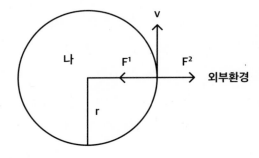

F¹= 관찰의 구심력   F²= 관찰의 원심력
v = 기획의 속도   r = 관찰의 범위

관찰의 범위가 넓을수록 기획력(원의 넓이)은 커질 수 있다.
관찰의 구심력과 원심력이 균형을 이루지 못하면
기획은 안정적인 궤적을 그리지 못하게 된다.

관찰의 원심력과 구심력. 사람에 따라 그 세기가 제각각이다.

관찰의 구심력이 강한 사람 :

연애를 할 때, 자기 자신에 대한 관찰과 집중에만 온갖 신경을 쓰고 상대방에 대한 관찰을 소홀히 하면 그 관계는 오래 가지 못한다. 건강하지 못한 방식으로 '자아Ego'가 강한 사람들이다. 이런 부류의 사람들은 연애를 할 때뿐 아니라 동료들이 하는 말, 직장 상사가 하는 말도 기억하지 못하고 업무를 제대로 이행하지 못하는 경우가 많다. 반면, 자기 자신의 변화에는 무척 민감하다. 자기 몸 상태의 변화나 자기 운명에만 집중하는 경향이 있다. 자기 연민이 강하며, 자기에 대한 즉각적 관찰에만 집중한다. 특정 집단에 대한 소속감이 약한 경우가 많고, 세상에 쉽사리 적응하지 못하는 경우도 많다. 자신을 제외한 대부분의 외부 대상에 무심한 편이다. 즉각적으로 자기 이익Interest에 도움이 되지 않는 것들에 지나칠 정도로 관심Interest을 두지 않는 유형.

관찰의 원심력이 강한 사람 :

지나치게 자기 자신에 집중하지 못하고 자기를 관찰

하지 못하는 경우가 있다. 외부의 변화에 민감하고 유행에 밝아 정작 자기중심을 확보하지 못하는 사람들이다. 그런 류의 사람들이 걸어온 행보를 보면 지나칠 정도로 일관성이 없다. 직업이 바뀌어온 과정Career Path에서 그 사람의 철학을 파악하기 힘든 사람들도 많다. 그들은 자기 몸이나 생각의 변화가 어떤 궤적을 그려왔는지 잘 알지 못한다. 건강을 잘 챙기지 못하는 사람들도 많고 자기가 주장해왔던 생각이 무엇인지, 자기가 했던 말이 무엇인지도 금세 잊는 타입들이다. 환경 변화에 민감해 자기주장을 번복하고 대세에 순응하며 임기응변에 능한 타입.

관찰의 방향이 어느 한 쪽에 치우치면 페르소나Persona 개성, 가면이라는 뜻의 라틴어의 발달뿐 아니라, 기획력까지도 안정적으로 구축되지 않는다. '관찰의 균형점'을 어떻게 맞출 것인지 고민과 노력이 필요하다.

아파하는 자기를 보는 것

내 몸이 아프다고 느끼는 것과 아파하는 자기를 보는 것은 전혀 다른 차원이다. 내 몸이 아프다고 느끼는 것은 매우 즉각적인 인식이다. 독일의 철학자 헤겔Georg Hegel은 이런 즉각적인 태도를 취하는 것을 '즉자적卽自的, an sich, in itself'이라는 개념으로 말했다.

즉자적인 것은 그 자체에 대한 주관과 감각에만 의존하는 동물적 차원이다. 고립적인 태도이고, 오직 자기 자신에만 매몰되어 객관적이지 못하다. 똑같은 상황을 관찰하더라도 어떤 사람들은 눈에 보이는 현상만 바라보고 쉽게 넘어간다. 즉자적인 관찰이다.

반면, 아파하는 자기를 보는 것은 나에 대해 객관적으로 관찰할 수 있는 성숙된 태도이며, '대자적對自的, für sich, for itself' 태도라 할 수 있다. 이는 특정한 관점과 생각을 갖고 스스로에 대해 판단할 수 있는 태도를 의미한다.

살아가는 것은 자기 안에만 파묻혀 있는 즉자적인 삶이 아니라, 언제나 나와 외부 환경을 동시에 '보고 살펴' 자기를 넘어서는 대자적 삶이다. 그래서 우리는 우리 생±이 이미 어떤 기획 속에 있음을 알게 된다.

우리가 동물과 다른 지점은 인식의 즉자성을 넘어서는 바로 그 순간에서 비롯된다. 그 순간은 기획의 시작이고, 그 출발점은 바로 '관찰'이다.

관찰은 어떻게 하는 것일까. 오래 전 가수 나미의 노래 〈빙글빙글〉의 가사처럼 '그저 바라만 보고' 있으면 되는 것일까. 무엇을 어떻게 보고 살펴야 하는 것일까. 평소에 무엇을 어떻게 보는지 나의 습관 몇 가지를 나누고 싶다. 이 책에서는 원심적 관찰에 대한 나의 습관을 소개한다.

은하계를 넘어 여행하기

활판 인쇄술의 보급은 소수가 독점하던 책(=지식)의 대량 생산과 유포를 가능하게 했다. 문명의 대중 유포가 시작된 것이다.

캐나다의 미디어 이론가 마셜 맥루한Marshall McLuhan은 활자문명을 통해 '구텐베르크 은하계Gutenberg Galaxy'가 창조됐다고 설명했다. 서양 최초로 금속활자를 발명한 구텐베르크를 기념한 것이다. 이러한 활자 문명으로 대중의 문명화가 촉진되었다. 하지만 동시에 지식의 획일화, 지성의 균일화를 피할 수 없게 됐다는 게 주요한 진단이다. 문자는 우리의 의식과 사유의 패턴을 단선적Linear이게 만든다는 것.

그는 1960년대에 이미 텔레비전 같은 그래픽 중심의 전자매체가 미래 커뮤니케이션을 주도할 것으로 내다봤다. 그리고 그의 예언은 적중했다. 지금은 '인터넷 은하계 Internet Galaxy'가 되었으며, 그의 예언대로 이미지의 영향력이 문자보다도 크게 성장한 듯하다.

서로의 언어를 몰라도 이미지는 대부분 해석 가능하다. 그래서 이미지는 문자보다 글로벌하다. 하나의 대상에 대한 이미지는 무한 생산되고 복제된다. 여러 각도와 여러 관점의 이미지가 생산되고 자발적으로 기록, 유통, 공유, 평가되고 있다. 이미지를 통해 비로소 다차원적으로 의미를 만들고 해석하는 시대가 열렸다.

과거 문자의 시대가 '훈고학訓詁學'의 시대였다면, 지금 이미지의 시대는 '인식론認識論'의 시대라 할 수 있다.

훈고학
訓詁學

경전의 자구字句에 관해 해석하는 학문
텍스트의 원래 의미를 충실하게 해석하고
의미를 지켜내려는 방법

인식론
認識論

인식의 기원과 본질, 인식이 만들어지는
과정이나 한계 등을 탐구하는 철학

사진의 시대

사진 한 장씩 올리는 단순한 플랫폼인 '인스타그램Instagram'은 2014년 전 세계 월간 활동사용자MAU, Monthly Active User의 수가 3억 명을 돌파했으며 총 300억 장의 사진이 게재됐다고 밝혔다.

'-스타그램-stagram'이라는 신조어를 파생시킬 정도로 인스타그램의 힘은 무섭게 성장했다. 이미지의 힘을 너무나 잘 알았던 페이스북은 이미 2012년에 인스타그램을 인수했다. 당시 5억 달러로 평가된 인스타그램을 10억 달러나 주고 사들였다. 비싸게 주고 샀다는 평가가 없지 않았으나 3년 후 2015년, 월스트리트 저널은 인스타그램의 기업가치가 350억 달러나 된다고 평가했다.

이렇게 거창하게 살펴보지 않아도 지금이 '사진의 시대'라는 것은 점심시간 식당만 가봐도 알 수 있다. 많은 사람들은 밥이 나오면 먹기 전에 공들여 사진을 찍는다. 인스타그램이나 페이스북에 업로드하고 난 후 점심을 즐기는 사람들이 적지 않다. 특별한 곳에 놀러 가면 반드시 사진을 찍고 SNS에 업로드한다. 기억하고 싶은 장소와 순간은 반드시 사진을 찍는다. 사진을 찍는 행위는 실시간 일기를 쓰는 행위나 마찬가지다. 사진이 자기 인생의 증명서라도 되는 듯.

인스타그램에 올릴 사진이 없으면 사진을 친구에게 부탁해 받는 사람도 있다. 실제로 자신이 하지도 않은 일을 사진으로 올려서 자기 이미지를 만드는 것이다. 과거 어느 파트너는 내게 종종 사진을 달라고 했다. 그리고는 자신의 경험인 듯 인스타그램에 올리고 자신을 열심히 일하는 사람으로 포장했다.

사진의 시대는 많은 사람들의 '있어빌리티있어 보이다 + Ability 있어 보이도록 연출하는 능력' 지수를 높여주고 있다. 사람들은 이미지(사진, 동영상)를 보고 그 사람을 평가한다.

영국의 경험주의 철학자 버클리George Berkeley는 '존재는 인식되는 것Esse est percipi'이라는 명제를 철학의 기본 원리로 설정했다. 보이지 않는(인식되지 않는) 것은 존재하지 않는다는 말이다.

SNS에서는 멋지게 촬영된 책 사진이 그 사람의 독서량을 나타내고, 사진 속 멋진 이미지가 그 사람의 탁월한 안목과 앞선 라이프스타일을 의미한다. 반대로 사진을 올리지 않으면 그의 엄청난 독서량과 세련된 라이프스타일은 존재하지 않는 거나 다름이 없다. 존재를 드러내기 위해선 반드시 보여줘야 하기 때문이다.

자신의 신체적, 정신적 흔적을 모조리 사진으로 찍어 올리는 사람들이 적지 않다. 카페를 다녀온 사진, 운동 후 몸매를 기록하는 사진, 멋진 음식을 기록한 사진, 멋진 친구들과 함께 찍은 사진… 이 모든 사진들은 사진을 올리는 사람의 자기 존재 증명을 위한 증거Evidence들이다.

사진을 통한 자기 존재 증명을 시도하는 모든 사람들이야말로 이 시대의 버클리주의자라고 말할 수 있지 않을까. 부정하고 싶지만, 지금은 보이는 것이 존재하는 것을 만들고, 심지어 보이는 것이 그 존재를 넘어가는 세상이다.

호찌민시. 카페가 몰려 있는 '카페 아파트먼트' 촬영 사진. 사진은 내가 현장에 있었다는 간접 증거가 된다. 건너편 스타벅스는 한산했다.

'핫플레이스'의 성공 비결?

갑자기 사람들이 줄 서는 카페가 생겼다. 나도 따라 줄을 서 본다. 커피 맛이 형편없다. 사이드 디시도 별로다. 가격은 비싸다. 종업원들의 표정에는 생기가 없고, 서비스가 그닥 좋다고 볼 수도 없다. 그런데도 사람들은 줄을 선다. 언제부턴지 모르겠지만, 그냥 사람들이 줄을 서 있기 때문에 덩달아 줄을 서는 것 같다. 다른 사람들이 줄 서서 먹을 정도면 괜찮겠지? 하는 인식 때문인 듯하다. 나 역시 그렇게 '낚였다.' 어제도 30분째 줄을 서 있었다.

맛도, 가격도, 서비스도 별로인데, 위치도 저 구석에 있고 어떤 곳은 간판조차 없어 찾기가 쉽지도 않은데, 왜, 어떻게 사람들은 줄을 서 있게 된 거고, 그곳은 핫플레이스가 된 걸까?

내가 찾은 답 중 하나는 바로 '사진 한 컷'이다. 사람들은 SNS에 올라온 핫플레이스들의 사진을 보게 된다. 그리고 자기도 그곳에 가볼 생각을 한다.

'여기 한번 가봐야겠다'는 생각은 '여기 가서 사진 찍어야겠다'는 생각과 같다. 상대방의 사진을 훔쳐보는 일은 그 사람의 라이프스타일을 벤치마킹하는 일상적 행위다. 우리는 일상적으로 타자의 생활을 벤치마킹하고 있다. 그리고 그 라이프스타일에 자기 자신을 대입시켜 그대로 실천할 만한 방법을 기획한다. 그리고 남자 친구에게 주말 계획을 프레젠테이션한다.

"이번 주말은 망리단길 카페에서 브런치를 먹고, 합정역 메세나폴리스에 가서 영화 한 편 본 후에, 저녁에 홍대 넘어가서 와인 한 잔 하자."

힘이 없는 남자 친구는 컨펌의 형식을 가장한 긍정적 답변을 내뱉는다.

잠시, 컨펌이라는 단어에 대하여 : 컨펌Confirmation은 모든 기획자들이 가장 싫어하는 단어다. 컨펌을 내리는 자를 설득하기 위해서 온갖 화려한 수사적 장치와 도표, 분석 모델이 등장한다. 그 결과 프레젠테이션 보고서의 양은 기하급수적으로 늘어난다.

"그래! 나도 그러고 싶어."

그 둘은 망리단길 카페 사진과 블로그 글을 엄청 열심

히 찾아본다. 그리고 댓글이 많은 곳, 해시태그가 많이 붙은 곳을 검색하고, '구매 목록'에 올려둔다.

이 구매 목록에 들어오는 건 대단히 중요한 일이고, 모든 브랜드들이 진입하고자 하는 단계이다. 남들 앞에서 써먹으려면 이를 '구매 고려군Consideration Set'이라고 부른다는 것쯤은 알아두자.

데이트 장소로 '고려'되는 후보군에 대해 이리저리 고민하다가, 최종 선택된 곳을 중심으로 데이트 코스가 기획된다. 최종 결정에 가장 큰 도움을 주는 건 단연코 사진이다. 사진은 가장 강렬한 시각적 잔상을 불러일으키고 구매에 적잖은 영향을 미친다.

'저곳에 다녀왔다는 것을 사진으로 남겨야겠어!'

사진은 찍자마자 실시간으로 인스타그램에 올린다. 인스타그램에 올리면 페이스북, 트위터에까지 자동으로 올릴 수 있다. 사진을 찍고 업로드할 땐 순간의 감상평과 때론 자신을 돋보이게 할 멋진 코멘트들을 함께 기록한다. 해시태그와 함께. 그렇게 하루의 기획은 멋지게 실천되고, 미션은 끝난다.

이런 본질을 잘 아는 영악한 주인들은 공간의 인테리

어에 사진을 찍을 만한 시그니처Signature 특징적인 것를 한두 가지 마련해둔다. 본인의 얼굴이나 전신 사진이 잘 나오게 할 아무 장식 없는 '하얀색 벽'이라든가, 자판기 모양으로 된 출입문이라든가, 얼굴의 잡티를 가려줄 은은한 2700K Kelvin 색온도를 가리키는 단위 노란 전구색 조명을 설치한다든지 하는 것이다.

자기 얼굴을 찍어 올리기 싫어하는 사람들도 독특한 모양의 메뉴판 디자인, 세련된 간판 디자인, 참신하고 재미있는 카피라이팅 등을 보는 즉시, 자신이 거기 있었음을 사진으로 인증한다. 그리고 그런 '새로운 발견'을 자기가 남들보다 먼저 하고 있다는 것을 증명하기 위해서라도 자신의 SNS 계정에 사진을 업로드해야 한다. 그런 사진에 눌려지는 '좋아요'와 댓글이 늘어날수록 사람들은 사진 중독이 되어가고, 우리는 여기저기에서 스마트폰의 사진 찍는 소리를 거의 매일 듣고 사는 것이다.

그러므로 어떤 관점에서, 핫플레이스의 본질은 '사진 한 컷'일 때가 많다.

'사진 한 컷'의 힘을 잘 아는 카페들이 속속 등장하고 있다.

새롭고New 다른Different 케이크Cake를 만들어 선보이겠다는 베이커리 카페가 있다. 이러한 사업의 지향점을 담아 선보인 '누데이크Nudake'다. 젠틀몬스터 특유의 미학적 감성이 더해져 새로운 모양의 케이크들과 영상으로 오픈 직전부터 관심을 끌었던 곳이다. 사람들로 하여금 사진을 찍어 올리고 싶다는 욕망을 자극하는 인테리어, 영상, 제품 디자인으로 가득하다. 케이크의 가격과 맛에 대한 호불호가 분명 존재한다. 하지만, 많은 이들이 '누데이크'를 찾고 있는 건, 제품 그 자체의 속성보다도 '이곳에 있었다'고 하는 경험적 증거가 더 중요하기 때문이다. 힙한 옷을 입은 스타일 좋은 사람들이 많아, 그 장소를 함께 한다는 사진 한 컷의 증거는 나 역시 그런 무리에 속한 사람이라는 자아표현적 편익Self-expressive Benefit을 제공한다. '사진 한 컷'을 제대로 기획할 줄 아는 장소Venue는 입소문을 타기 좋은 조건을 갖춘 셈이다. 제대로 된 사진 한 컷은 매출을 좌우하는 필수 마케팅 아이템 중 하나가 되었다.

사진에 민감한 디자이너들의 경우엔, 사진 찍을 때 번들거리는 느낌이 싫어서 싸구려 유광으로 코팅된 테이블은 잘 구매하지 않는 사람도 있다. 그 책상에 물건을 올려두고 촬영하면 너무 번질거리기 때문이다(목표 고객이 디자이너라면 참고하자).

　사진은 장소뿐 아니라, 물건을 구매할 때에도 매우 중요하다. 한마디로 '사진에 잘 나오게끔 만드는 디자인'이 그만큼 중요한 시대라는 것이다. 무언가를 분석할 때 그와 관련된 사진을 찾아보는 게 내 오랜 습관인 것도 그런 이유 때문이다.

스토어 인테리어 디자인의 개념을 바꾼 '젠틀몬스터' 안경 매장 디자인. 주기적으로 공간 경험 디자인을 변경하며 소비자의 발걸음을 유도한다.

사진으로 본질에 다가선다

무엇에 대해 알고자 할 때 가장 먼저 이미지 검색을 하는 편이다. 주로 포털사이트와 인스타그램을 활용한다.

최근 어느 놀이공원 브랜드를 컨설팅할 때의 일이다. 놀이공원 브랜드의 컨셉을 도출하기에 앞서, 놀이공원이라는 업의 본질을 파악해야만 했다. 우선 구체적이고 학술적인 작업으로, 놀이공원의 역사와 기원 등을 스터디했다. 그리고 현재 놀이공원이 어떤 모습으로 인식되고 있는지 살펴야 했다. 그 가운데 매우 효과적이고 손쉬운 방식은 사진 검색이다. 사진으로 '놀이공원Amusement Park'의 기본 속성을 파악해보기로 했다.

먼저 구글에 'Amusement Park' 혹은 '#Amusement-Park'라고 입력해본다. 다음과 같은 사진들이 등장한다.

가장 많이 나오는 사진은 관람차, 혹은 꼬불꼬불한 롤러코스터와 같은 놀이기구 사진들이다. 그리고 종종 '물'이 보인다. 물리적 속성만으로 놓고 보면, 놀이공원의 본질은 '놀이기구'이며, 놀이공원에는 워터파크도 포함된다는 것을 알 수 있다. 이런 식으로 이미지를 쭉 보며 '놀이공원'에 대한 대략적인 묘사를 마친다. 이후엔 좀 더 세부적으로 살펴본다.

교차 검색. 키워드를 두 개 이상 중복해서 입력, 검색한다. 'Amusement Park, People'이라는 식으로 말이다. 사진들을 보면 비명을 지르는 사람들, 환호하는 사람들, 웃는 사람들, 파이팅하는 사람들, 친구의 손을 꼭 잡는 사람, 판타지 캐릭터에 키스하는 사람, 스릴을 즐기며 무서워하는 사람들, 거꾸로 매달려 중력을 거부하는 사람들, 가족과의 행복한 모습의 기념촬영 사진, 회전목마를 타며 웃고 있는 자녀의 사진, 남녀의 데이트 장면 등 놀이공원 내 다양한 모습의 사람들이 등장한다.

이렇게 사진을 하나씩 묘사하면서 키워드로 요약해본다 :

Exciting(신나는), Laughing(웃는), Shouting(환호성을 지르는),
Sharing Moment(순간을 공유하는), Happy(행복한), Fantasy(환상),
Moving(움직이는) …

(위) 검색 키워드: 'Amusement Park', 검색일자 2022.12.25.(검색엔진: 구글)
(아래) 검색 키워드: 'Amusement Park, People', 검색일자 2022.12.25.(검색엔진: 구글)

그렇게 묘사하다 보면, 기획자의 관점과 분석의 맥락에 따라 위의 키워드들을 몇 가지로 묶어 개념을 만들어낼 수 있다.

가령 어떤 관점에서는 저 모든 표현들을 'Lively생기 넘치는'라는 한 단어로 요약해볼 수도 있을 것이다. 이런 식으로 교차 검색을 실시하며 '놀이공원'을 가볍게 정의해본다. 우리는 사진을 쭉 훑어보는 것만으로도 '놀이공원은 놀이기구를 타는 경험을 기본으로 하며, 일상에 생기를 불어넣는 공간'이라는 식의 정의를 내려볼 수 있다.

#해시태그에는 단서가 있다

인스타그램에 사진을 올릴 때는 그냥 올리는 사람도 있지만, 대부분 코멘트를 함께 기록한다. 그러한 코멘트와 함께 등장하는 것이 바로 해시태그Hashtag다.

　해시태그는 게시물에 일종의 꼬리표를 다는 기능이다. 특정 단어나 문구 앞에 해시(#)를 붙여 관련 있는 정보를 묶을 수 있다. 사람들은 해시태그를 입력하면서 비슷한 취향을 지닌 유저들을 서로 팔로우Follow한다. 해시태그는 소비 부족Tribe을 집합시키는 깃발과도 같다. 해시태그 개수는 인기의 척도 중 하나다.

　'#기획자의습관' 같은 식으로 해시태그를 입력하게 되는데(해시태그는 띄어쓰기를 허용하지 않는다), 해당 해시태그를 입력하면, 그 해시태그가 달린 모든 종류의 사진이 총 몇 건인지 숫자와 함께 나타난다.

어떤 브랜드나 상품, 사람, 장소의 인기가 얼마나 되는지 알아보려 한다면, 그 이름을 입력했을 때 해시태그가 몇 개나 나오는지 살펴보면 된다. 그래서 기업들은 해시태그의 개수를 올리려고 노력한다. 브랜드 노출도에 대한 중요한 지표인 셈이다.

사진에는 그 사진을 찍거나 업로드하는 사람의 관점이 들어 있다. 마찬가지로 사진을 업로드하면서 함께 적는 코멘트와 해시태그에는 사진에 대한 각자 나름의 정의가 들어 있다.

혹자는 놀이기구 사진을 올리며 '#소음공해'라고 올릴지도 모른다. 놀이기구에 대한 그만의 정의다. 또 다른 사람은 '#활력', '#일상탈출' 등의 해시태그를 입력할지도 모르겠다. 그것 역시 그만의 정의다.

코멘트 없이 해시태그만 입력하는 경우도 많다. 사람에 따라 다르지만, 해시태그로 등장하는 각종 문구들은 그 사진에 대한 해석, 사진을 촬영한 장소, 함께 있던 사람들, 위트와 유머, 사진과 연관된 다른 장소 혹은 브랜드 등에 대한 정보를 담고 있다.

사진 한 장에 '언제, 어디서, 누가, 무엇을, 어떻게, 왜'에 해당하는 정보가 모두 각인되어 있기도 하며, 종종 그러한 맥락에 숨어 있는 나름의 철학까지도 담길 때가 많다. 어떠한 사진이 천편일률적으로 많이 등장하는지를 살피는 것도 중요하지만(많이 등장하는 사진 컷들을 보면 대세가 무엇인지, 유행이 무엇인지 알 수 있다), 독특한 관점을 담고 있는 사진을 찾아내는 것도 중요하다. 그러기 위해선 등장할 법한 다양한 해시태그를 상상하고 입력해보는 게 필요하다. 새로운 정보를 찾아내는 검색 능력은 결국 '해시태그 연상력'이라고 할 수 있다.

망리단길에 대한 장소 분석을 한다고 가정해보자.

망리단길은 서울 마포구 망원동의 특정 거리다. 과거엔 쓰레기도 즐비하고 들어가 볼 만한 상점도 없고 오래된 지물포 등이 있던 망원동의 칙칙한 길거리였는데, 몇 년 전부터 개성 있는 소규모 술집, 카페, 빵집, 상점 등이 들어서면서 핫플레이스로 급부상했다. 인스타그램에 '#망리단길'을 입력해보자. 총 43.8만 개의 사진이 나온다(검색일자 2022.12.25).

사진을 눌러보며, 입력된 해시태그들을 골고루 살핀다. 한 사진을 눌러보니 '#망리단길, #먹스타그램, #카페, #술스타그램'이 함께 나온다. 이런 해시태그가 사진마다 많이 나오는 것은 망리단길을 찾는 주 목적 중 하나가 카페, 먹거리, 술 때문이라는 이야기다.

'회식은 망리단길'이라는 컨셉을 가볍게 생각해볼 수 있다. 다른 사진에는 '#망리단길, #서울여행, #서울' 등의 태그가 동시에 나온다. 지방에서 서울 여행을 할 때의 필수코스로 망리단길이 급부상했다는 의미다.

해시태그를 겹쳐보면 망리단길에 대한 43.8만 개의 해석을 거저 얻을 수 있게 된다.

또 한 사진에는 '#망리단길, #경리단길, #성수동' 등의 키워드가 동시에 나온다. 이 세 장소가 비슷한 급의 핫플레이스가 되었다고 추론해볼 수 있다. 망리단길을 가는 사람들은 경리단길, 성수동에도 가볼 가능성이 높다는 것을 유추해볼 만하다.

망리단길에서 회식을 하기로 했고 장소를 정하기 위해 검색을 한다고 하자. '망리단길 회식', '망리단길 술집', '망리단길 핫플레이스', '망리단길 회식 추천' 등 다양한 키워드를 입력하며 포털 블로그의 추천글이나 카페 등의 글을 일일이 읽어보는 것도 필요하겠지만 이제는 이미지 검색을 하는 게 빠르다.

어떤 사람에 대해서 조사를 하려 할 때도 마찬가지다. 그동안은 그 사람을 인터뷰한 기사, 그 사람이 쓴 글, 그 사람에 대한 평판 등을 블로그, 언론, 댓글, 칼럼 등 '문자의 해독'을 통해 관찰해왔다. 하지만 이제 그 사람과 관련된 사진을 먼저 살펴본다. 사람들은 그 사람을 어떤 식으로 '인식'하고 있는지, 그 사람은 어떤 활동을 하고 있는지 사진으로 먼저 살펴본다.

사진과 함께 등장하는 코멘트와 해시태그를 읽어보자. 술집이라고 하면, 그 술집에 누구와 가서 어떠한 메뉴를 먹었으며, 맛이나 분위기는 어떻다고 평가했는지, 장소는 정확히 어디인지, 가격은 적당하다고 했는지, 사진은 총 몇 건이나 올라와 있는지 먼저 살피는 것이다.

특정 유명인에 대해 살펴볼 때도, 그 사람의 행적을 기록한 온라인 유저들의 해시태그 수가 몇 건인지, 사람들이 '좋아요'를 몇 건이나 눌렀는지, 댓글은 얼마나 달렸고, 평가는 어땠는지 살펴보자. 그 사람이 대략 어떤 사람인지 파악해 볼 수 있다.

사진과 더불어 해시태그 관찰은 대상에 대한 깊이 있는 분석에 들어가기에 앞서 나와 동시대를 살아가는 사람들이 그 대상을 어떻게 인식하고 있는지를 간접적으로 살펴볼 수 있게 해준다.

미스터리 쇼핑

미스터리 쇼핑Mystery Shopping은 오프라인 매장을 둘러보고 매장의 서비스 수준 등을 평가하는 방식이다.

우리는 신분을 숨긴 채 가벼운 마음으로(사실은 냉엄한 매의 눈초리를 하고) 레스토랑, 백화점, 카페 등을 돌며 브랜드의 철학이 얼마나 내재화되고 있는지, 종업원의 태도는 어떠한지, 물건의 진열 상태는 매장별로 어떻게 다른지, 매니저는 매장을 어떤 식으로 관리하고 있는지 등 '매장에서의 브랜드 경험이 제대로 이뤄지고 있는지'를 관찰, 평가한다.

미스터리 쇼핑을 통해 브랜드의 현장에서 일어나는 일을 생생하게 경험할 수 있다. 고객 관점에서 브랜드를 체험하고 나아가 개선점을 점검해보는 데 효과적이다. 나는 프로젝트를 맡을 때마다 해당 브랜드 매장을 들러 가벼운 수준으로 미스터리 쇼핑을 해본다. 아마도 내가 쇼핑 중독이었다면 내 가산은 진즉에 탕진됐으리라.

몇 가지 이야기를 하기 전에 미스터리 쇼핑에서 느끼는 심리적 불편함을 짚고 넘어가야겠다.

미스터리 쇼핑을 하는 나도 노동자고, 자신이 검열당하고 있는지도 모르고 매장에서 서비스를 하는 종업원들도 노동자다. 게다가 그들은 '감정 노동자'들이다. 우리나라에서는 '과도한 친절'을 요구하고 있기 때문에 감정 노동자들은 불필요한 억지 미소, 일상 대화에서는 잘 등장하지도 않는 인위적 하이톤의 목소리를 낸다. 어쩌다가 과로한 다음 날 피곤한 표정이 미스터리 쇼핑단에게 적발이라도 되어, 이런 것을 헤아리지 못하는 조사단이 '어떤 매장에 갔더니 이러이러 하던데요?!'라고 보고서를 쓴다면 얼마나 억울한 일일까.

미스터리 쇼핑을 하는 사람마다 질문과 관찰의 난이도를 달리할 것이다. 내가 아는 어떤 사람은 일부러 진상 고객인 것처럼 연기하며 이것저것 꼬치꼬치 캐묻기도 한다. 심지어 매장에서 팔지도 않는 물건을 가져오라고 윽박지르는 사람도 있다. 그리고 대응을 잘 못하면 '고객 서비스 형편없음'이라고 기록할지도 모를 일이다. 제발 그러지는 말자. 목적으로 수단을 정당화해서는 안 된다.

미스터리 쇼핑은 이렇게 극단적인 상황을 억지로 체크하려고 하는 건 아니다. 난 같은 매장을 몇 번 나누어 둘러본다. 그리고 가급적이면 종업원과 대화를 나누지 않는다. 그냥 자주 들르고, 같은 매장이 지역별로 어떻게 다른지 둘러본다. 단지 전반적인 분위기를 눈여겨보는 편이다. 인테리어, 조명, 음악, 손님의 옷차림, 종업원의 표정과 그들간의 대화, 다른 매장과의 매대 진열 상태 비교 등등. 그리고 무언가 아쉬울 때 종업원에게 질문을 하거나 대화를 나눈다. 그뿐이다. 미스터리 쇼핑을 갑질의 또 다른 수단으로 활용하지 않았으면 하는 바람이다.

모 럭셔리 패션 브랜드의 브랜드 전략을 수립할 때였다. 그 브랜드는 당시 매력이 완전히 떨어진 상태였고, 최근 아트 디렉터가 교체되자 전 세계 패션 피플들에게 '개과천선했다'는 표현을 들을 정도로 핫Hot한 브랜드가 됐다. 전국에 흩어진 매장 가운데 열 곳 가량을 선별해 먼저 미스터리 쇼핑을 했다. 서울부터 부산까지, 힘들었지만 즐거운 여정이었다. 사무실에서 나와 현장을 돌아다니는 건 언제나 기분 좋은 일이다.

서울부터 지방까지 돌면서 보니 서울과 지방 매장에서 진열한 물건의 종류와 VMD^{Visual Merchandising} 상품의 진열이나 촬영, 전시 등의 상태가 다르다는 걸 알게 됐다. 서울에서는 브랜드 로고를 제품에서 가급적 감추는 '로고리스Logoless' 트렌드가 있어, 로고나 심벌마크가 강하게 강조된 제품은 잘 안 팔렸다. 그래서 서울, 경기권의 매장에서는 가급적 로고가 소극적으로 노출된 제품이나 가려진 제품 위주로 진열, 판매되고 있었다.

하지만 지방은 달랐다. 지방에서는 서울과 정반대의 상품들이 진열, 판매되고 있었다. 서울에 사는 나는 그런 제품들이 너무 노골적이어 보여 물어봤다. 당시 종업원은 "여기서는 로고가 있어야 판매가 잘됩니다"라는 말을 남겼다. 한마디로 지방에서는 "나 명품 쓰는 사람이야"라고 과시할 수 있는 제품이 인기라는 것이다. 로고가 떡하니 박혀 있어 '나 부자요', '나 성공한 사람이요' 하는 '자아표현적 편익'을 충족시켜 주어야 한다는 이야기.

럭셔리 브랜드 매장에 들어갈 때마다 불편한 시선이 느껴진다. 매장에 따라 다소 차이는 있었으나 전반적으로 내 옷차림에 따라 종업원의 태도가 달라지는 듯했다. 내가 수트를 입고 갈 때와 싸구려 추리닝을 입고 들어갈 때 눈빛과 태도의 차이가 확연히 느껴졌던 것. 이 브랜드와 경쟁 관계에 있는 다른 브랜드들 또한 그러했다. 럭셔리 브랜드 매장일수록 직원들이 손님을 머리에서 발끝까지 훑어보는 데Scanning 능한 것 같았다.

내 복장을 보고 구매력이 있는지 없는지 보는 것이고 그에 따라 어떻게 대응해야 할지 자체적인 대응 수준이 있을 것이다. 많은 매장에서 추리닝을 입은 나는 빨리 나가줬으면 하는 천덕꾸러기 고객인 듯했다.

그러던 어느 날 어떤 매장에서는 추리닝을 입은 나를 극진한 태도로 응대해줬다. 미운 오리새끼가 백조가 된 기분이었다. 난 그 점원의 이야기를 더욱 경청하게 됐다. 당장 돈만 있었다면 그가 추천하는 제품을 바로 구매하고 싶을 정도였다.

한 방송사의 프로그램에서는 횡단보도 근처에 사람이 쓰러져 있을 때 행인들이 어떻게 반응하는지 실험한 적이 있다. 실험은 동일한 장소, 동일한 시간대에 두 차례 실시됐지만, 쓰러진 사람의 복장은 상이했다.

한 번은 노숙자의 복장으로 길에 쓰러져 있었고, 다른 한 번은 장교의 제복 차림으로 쓰러져 있었다. 같은 사람이었는데도 행인들은 노숙자 복장의 사람에겐 다가설 생각조차 하지 않았다. 반면, 그가 장교 제복으로 갈아입고 다시 실험에 임했을 땐 많은 사람들이 다가와 그를 깨우고 괜찮느냐고 걱정해줬다.

보여지는 외모는 그 사람의 능력과 그 사람의 말과 행동의 질Quality까지도 결정짓는 듯하다. 그래서인지 잘 차려입은 사람에게 보다 깍듯이 대우하는 건 일반적인 일로 보인다. 반대로 허름하게 입고 있을 때는 대부분의 사람들이 제대로 된 대접을 받지 못할 때가 많다. 그러니 허름한 복장인데도 깍듯한 대우를 받는다면, 때에 따라선 고마운 마음이 생기고, 무엇을 산다면 그 매장에서 살 가능성이 높아질 것이다.

이런 관찰 결과는 모든 매장에서 손님을 대할 때 주의해야 할 사항으로 본사에 보고되었다.

프로젝트가 끝나고 시간이 조금 지난 후 들은 이야기. 진짜 강남 부자들은 매우 일상적이고 편안한 옷을 입고 동네 마실가듯 명품 쇼핑을 한다는 이야기도 있어, 그런 상황을 알고 있는 매장에서는 추리닝을 보면 더욱 깍듯이 대한다는 카더라 통신.

대화 엿듣기

같은 소비자들의 대화를 엿듣는 건 왜곡되지 않은 생생한 인사이트를 얻는 좋은 방법이다(물론 엿듣는다는 행위 자체가 당당하거나 멋있는 건 아니지만). 예를 들어, 극장에 영화를 보러 갈 때 입구 근처에서 영화에 대해 떠드는 관람객들의 이야기에 주목해보자. 그들이 왜 영화를 보러 왔는지, 누가 추천했는지, 무엇을 기대하는지 들려올 때가 있다. 마찬가지로 영화가 끝난 후 출구에서의 대화를 엿들어본다. 어떻게 평가하고, 어떤 관점으로 봤는지, 반응이 어떤지 알 수 있다.

　반드시 봐야겠다고 생각했던 영화가 있었다. 대학 때 리들리 스콧 감독의 〈블레이드 러너Blade Runner〉(해리슨 포드 주연, 1982년)를 몇 번이고 인상 깊게 봤었는데, 그 후속인 〈블레이드 러너 2049〉(드니 빌뇌브 감독, 해리슨 포드/라이언

고슬링 주연, 2017년)가 나온 것이다. 비평가들의 찬사를 받았기에 더욱 기대가 됐다.

어느 날 그 영화가 상영된 극장 출구에서 나오는 고객들의 대화와 표정을 접하게 됐다. 그들의 표정은 애매했고, 대화는 긍정적이지 못했다. 잠시 그들을 보면서 '아, 이 영화 망하겠구나' 하는 생각을 한 적이 있다. 불행하게도 그 느낌은 들어맞았다. 흥행 실패. 원작을 본 사람이 많지 않았던 탓에 내용 이해가 어려웠던 게 아닌가 생각한다.

기업의 프로젝트를 하다 보면 FGD^{Focus Group Discussion} 표적그룹 집단 토론이라는 좌담회를 실시할 때가 있다. 모더레이터^{Moderator} 진행자가 소비자들에게 여러 사항을 묻고 그들끼리 토론하듯 말하게 하는 조사 방법이다.

FGD의 스크립트는 대부분 소비자들이 모더레이터에게 답하는 내용을 위주로 작성된다. 그들의 표정, 누구와 시선을 주고받으며 말하는지는 기록돼 있지 않다. 그래서 리서치 회사에서는 전반적인 상황을 함께 볼 수 있도록 좌담회 촬영 영상을 제공한다. 하지만, 현장에서 직접 보지 않으면 그들끼리의 상호 작용을 쉽게 파악하기 어렵다.

FGD는 중간에 10분가량 쉬는 시간을 갖고 다시 이어지는데, 내가 주목하는 시간은 바로 그 쉬는 시간 10분이다. 그때 난 참석한 소비자들끼리 주고받는 대화를 기록한다. 공식적으로는 기록에 남지 않는, 생생한 이야기들이다.

가령 모더레이터가 어느 축구 팬에게 "국가대표팀 시합하면 경기장에 가서 볼 것인지" 물어보면 그는 "경기장에서 관람 의향이 있다"라고 답한다. 정식 기록에는 여기까지 기록된다. 하지만 잠시 쉬는 시간이 되고 모더레이터가 나가자, 옆에 앉아 있는 다른 축구 팬이랑 대화를 나누며 "요즘 바쁘기도 하고… 팀 성적도 안 좋은데 재미도 없어서 경기장 안 갈 거예요"라고 이야기한다면, 무엇이 진실일까.

우린 종종 표면적 대화 뒤에 숨겨진 그들의 귓속말을 놓친다. FGD가 끝나고 참석자들이 모두 집으로 가기 위해 엘리베이터 앞에 서 있다. 가끔 난 일부러 엘리베이터를 같이 타려고 미러룸Mirror Room2에서 황급히 나온다. 그때 역시 그들끼리 대화를 나눌 수 있기 때문이다.

---

2 소비자 좌담회를 하는 방에는 거울이 있다. 거울 뒤편에는 어두운 방이 있고, 기획자들은 그곳에 모여 소비자들을 관찰한다.

그런 모든 숨은 대화들을 놓치지 말자. 그들의 귓속말과 은밀한 대화에도 안테나를 세워둘 필요가 있다.

어느 자동차 브랜드 프로젝트를 할 때였다. 자동차 관련 프로젝트를 해왔지만 대부분을 운전면허도 없는 상태에서 진행했다. 그래서 정말 운전을 하는 사람들보다 더 열심히 고민하고 공부해야만 했다. 정비소도 따라다니고 매장도 가보고 정식센터가 아닌 동네 카센터에도 많이 가봤다. 취재를 해야 했으니까.

운전면허가 없는데도 차를 살 것처럼 상담을 받으러 갔다. 찜해둔 매장들을 외부에서 살피다가 몇 곳을 정했다. 그리고 경쟁 브랜드 매장도 가봤다. 처음엔 동료들과 함께 갔다. 자동차를 잘 몰라 제대로 질문하기 어려우니 능숙한 동료들의 힘을 빌려야 했다. 그다음엔 홀가분히 혼자 다닌다. 혼자 다니면, '동료의 시간을 뺏는 것 아닐까' 하는 잡다한 생각들이 사라진다. 그제야 마음 편히 둘러볼 수 있게 된다. 쇼핑도 혼자 해야 제 맛인 것처럼.

매장을 거닐며 이것저것 둘러봤다. 나는 세일즈맨의 친절한 상담을 체크하러 간 것이 아니다. 매장에 오는 다른 손님을 관찰하는 게 목적이었다. 그러다 어느 부부(?)로 추정되는 커플의 대화를 엿들었다. 딱 봐도 SUV를 사고 싶은 남성이 아내를 데리고 온 상황.

자동차 매장을 가면 몇 가지 특징이 있다. 아내들은 뒷좌석 상석에 앉아본다. 혹은 보조석에 앉아본다. 남편들은 대부분 운전석에 앉는다. 그리고 아내는 세단 위주로 앉아보고, 남편은 세단뿐 아니라 SUV에도 눈독을 들인다. SUV는 남자들의 장난감이다. 아이가 있어 짐을 많이 실어야 하는 집은 아내들도 SUV를 원할 때가 있다. 하지만 대부분 세단을 원했다(적어도 내 주변의 가정에서는). 짐을 적재할 '실용성'보다 '승차감'이 중요한 것이다.

현장에서 엿본 그 남자는 SUV를 사고 싶으나, 아내는 그닥 탐탁지 않았다. 아내의 '컨펌'이 필요했다. 아내를 설득하는 남편.

"이 차 사면 우리 주말마다 여행갈 수 있어."
"아이들과 함께 지내는 시간이 늘어나."
…

다양한 스토리텔링이 이어진다. 남자는 순식간에 엄청난 기획자로 변신했다. SUV 한 대가 '가족 여행'이었다가, '아이의 행복한 성장'이기도 했다. '미래의 추억'이었다가, '움직이는 거실'이기도 했으며, '주말마다 늦잠 자고 TV

만 보지 않겠다는 선언'이기도 했으며, 종국엔 '집안의 행복'으로 포지셔닝되었다. 난 마음속으로 응원했다. '꼭 구매하시길!'

그들 대화의 결론은 모르겠다. 하지만, 그 대화는 아직도 잊혀지지 않는다. 그들의 대화는 나에게 구매 결정력이 누구에게 있는가에 대한 중요한 인사이트를 주었다.

아담에게 사과를 파는 법

창세기 3장 4절을 보면 뱀이 여자를 유혹해 선악과(사과)를 따 먹게 하는 장면이 묘사돼 있다.

(3:4) 그러자 뱀이 여자를 꾀었다. "절대로 죽지 않는다."

(3:5) "그 나무 열매를 따 먹기만 하면 너희의 눈이 밝아져서 하느님처럼 선과 악을 알게 될 줄을 하느님이 아시고 그렇게 말하신 것이다."

(3:6) 여자가 그 나무를 쳐다보니 과연 먹음직하고 보기에 탐스러울 뿐더러 사람을 영리하게 해줄 것 같아서, 그 열매를 따 먹고 같이 사는 남편에게도 따주었다. 남편도 받아먹었다.[3]

---

3 《공동번역 성서》, 가톨릭용, 대한성서공회, 1997.

'뱀'은 인류 최초의 사과 마케터다. 그것도 시장을 100퍼센트 점유한 '성공한 세일즈맨'이다. 당시 소비자는 단 두 명뿐이었는데, 결국 모든 소비자에게 사과를 판매했으니까. 뱀도 남자보다 여자를 설득해야 한다는 것을 알았나 보다. 그래서 남자가 아니라 여자에게 말을 건다.

이 뱀 마케터에 따르면, 먼저 '사과를 먹으면 눈이 밝아진다.' 눈이 밝아진다는 것은 눈에 빛이 들어온다는 것이고, 이는 영어로 번역하면 '인라이트먼트Enlightenment'이다. 이 단어는 '빛이 들어온다', '빛을 밝히다'는 의미로 '계몽', '깨달음'을 의미한다. 사과를 먹으면 '맛이 있다', '영양가가 높다'도 아니고, '지혜가 생긴다'는 말을 남긴 것이다. 사과를 먹으면 '신처럼 지혜를 얻게 된다'고 했던 것이다.

그 한마디를 하자 여자는 스스로 생각한다. '과연 먹음직하고 보기에 탐스러울뿐더러(사과의 기능적 편익-'맛있다')', '사람을 영리하게 해줄 것 같다(사과의 자아표현적 편익-'영리한 사람')'고 느낀다. 결국 구매를 결정한다. 사과를 한입 베어 먹는 것이다. At Last! 뱀은 여자에게 구매 컨펌을 획득한다!

여자를 설득하면 일이 수월하다. 그 후 창세기 기자는 자초지종에 대한 일언반구 없이 "남편도 받아먹었다"라고만 기록한다. 남자의 구매 결정은 매우 단순했던 것이다. 남자로서 아쉬운 결론이지만, 인류 태초에도 구매 결정의 고유 권한, 컨펌의 주체는 여자였다.

강남 한 자동차 매장에서 내가 엿들었던 부부의 대화와 겹쳐진다. 남자의 물건처럼 보이는 '자동차'에 있어서도 구매 결정에 주요한 역할을 하는 존재가 '여자'라는 매우 중요한 인사이트를 얻게 된 중요한 대화였다.

몇 년 후, 모 자동차 회사의 SUV 차량의 브랜드 전략과 브랜드 네임, 세일즈 아이디어를 기획하게 되었다. 동료들과 브랜드 전략, 컨셉, 네임을 일사천리로 마무리했다. 운이 좋았다. 론칭 일정이 얼마 남지 않았기 때문이다. 중요한 건 판매였다. 우리는 외부 전문가들과 함께 다양한 토론을 진행했고, 모두가 동의한 관점은 '구매 컨펌은 여자가 한다'는 변치 않는 진리였다.

비록 SUV가 남자들의 장난감, 소위 어덜트 토이Adult Toy라고는 하지만, 남자들이 이 차를 구매하면 얼마나 좋은지 말하는 것으로 아내를 설득하긴 어려울 것이다. 메시지 포인트는 여자를 향해야 한다. 이 차량의 특징은 이전 SUV모델보다 트렁크가 넓어졌다는 것. '트렁크가 넓다'고 말해야 하지만, 이렇게 말하는 건 "내가 널 얼마나 아끼는 줄 알지?"라고 말하는 매우 정직하고 매력 없는 태도다. 그보다 조용히 아끼는 사람 책상에 음료수를 하나 놓고 간다거나, 노골적이지 않게 그 사람을 위해 양보하거나 하는 태도가 훨씬 매력적이다. '넓어진 트렁크'를 표현할 만한 보다 매력적인, 그러면서도 구매 결정권을 지닌 여성들을 위한 메시지가 필요했다.

우리가 타겟으로 선정한 고객군의 라이프스타일을 조사해보니 여성들이 스토케Stokke라는 유모차를 선호한다는 것을 알게 됐다. 스토케는 유모차계의 BMW라고 불리는 매우 비싼 가격의 프리미엄 유모차다. 이 유모차는 접는다 해도 많은 부피를 차지한다. 사이즈도 다른 유모차에 비해 엄청 크다. 볼드한 바디감을 자랑하는 이 유모차는 아이를 태우고 가는 엄마의 표정을 보다 당당하게 만들어준다. 그녀들을 세련되고 경제적으로 부유한 여성으로 보이게 해주는 신박한 아이템이다. 그런 스토케가 들어가는 차량은 일단 트렁크가 크다는 이야기.

'트렁크가 넓어졌습니다'라고 말하는 건 매력이 없었다. 우리는 '이 차에는 스토케가 들어갑니다'라는 세일즈 토크Sales Talk를 제안했다. 백번 나은 멘트였다. 참고로 이 차는 출시한 지 4개월 만에 1년 양산 목표의 두 배 가까이 판매 계약되었다.

사과 하나를 선택할 때도 여자의 말을 들어야 했던 인류 최초의 역사가 아직도 변하지 않은 것 같다. 여성을 잘 관찰하고 여성의 니즈를 충족시켜주는 브랜드가 더욱 사랑받을 수 있다. 남자가 사용하는 제품인데도 구매 영향력 내지는 구매 결정권이 여성에게 있다는 말이다(물론, 모든 카테고리의 상품과 서비스 구매를 여성이 결정한다는 말은 아니니 주의하자). 내 경험상 남자가 결혼을 하고 나면, 80~90퍼센트 이상은 결정권이 아내에게 넘어간다. 아쉽다는 이야기는 절대 아니다. 원망스럽다는 이야기도 절대 아니다. 나는 내 아내를 사랑한다.

거리의 소음에도 정보가 있다

길거리에는 활력이 넘친다. 난 사무실을 나오는 그 순간부터 리프레시가 되는 편이다. 내가 만든 회사임에도 불구하고 사무실은 언제나 답답하다. 천국 같은 사무실? 크리에이티브하고 리프레시를 주는 사무실? 내가 보기에 그런 건 없다.

많은 이들은 특정 글로벌 IT 기업의 사무실 문화를 부러워한다. 침대도 있고, 식사도 제공되고, 놀이기구도 있고, 일단 폼 나니까 말이다. 하지만 난 달리 본다. 숙식이 제공되고 놀이기구까지 있다는 건 사무실을 나가지 않아도 생활이 가능하게끔 디자인되었다는 것이고, 회사 주변에 식당을 많이 찾아보기 힘들고 워낙 집이 먼 사람들이 대부분인 미국의 상황을 대변하는 것이다. 한국에서 이런 디자인의 사무실은 '밥도 회사에서 먹고 집에 가지 말고 일하라'는 무언의 암시가 아닐까. 물론 농담처럼 흘리는 말이니 너무 진지하게 받아들이지 않길.

다시 길거리로 돌아오자. 길에서는 다양한 사람들과 다양한 라이프스타일이 걸어 다닌다. 다양한 공간의 첫인상(매장의 입구, 간판 등)을 접하기도 한다. 기분에 따라 생기발랄한 거리를 택할 때도 있고, 우중충하고 어두운 길거리를 가볼 때도 있다. 트렌드를 파악하고자 한다면 그 두 부류의 곳을 균형감 있게 다녀봐야 한다. 난 많이 돌아다니는 편은 아니지만 한번 '봐야겠다' 싶으면 정말 집중해서 거리를 살피는 편이다. 그리고 길을 자주 다니는 동료들의 이야기를 많이 듣는 편이다.

무언가 거리에서 영감을 얻고 관찰하고 싶다면, 일단 차를 두고 나와야 한다. 거리를 걸어야 하니까. 그리고 되도록 이어폰을 끼지 않는다. 거리의 소음 역시 중요한 단서다. 버스, 택시의 경적, 자전거 벨소리, 사람들이 걸으며 내는 소리, 부딪힐 때 미안하다는 말, 택배, 중국집 등 배달 오토바이 소음, 경찰차 사이렌, 사람들의 대화, 물건을 사라고 외치는 호객꾼의 목소리, 브랜드 매장별로 외부에 관심을 끌고자 틀어놓은 음악… 모든 것이 거리의 소음을 이룬다.

길거리는 무정형의 오케스트라다. 그 소음들은 거리에 활력을 준다. 난 그 기운을 온몸으로 느낀다. 그리고 몸에 다음과 같은 정보들을 각인시킨다. 그곳의 교통량과 배달되는 정도, 지역 사람들의 분위기, 유행하는 음악이 뭔지, 호객꾼은 어떤 기획으로 무엇을 제안하는지…

이어폰은 이런 모든 정보 수집을 단 한 방에 차단한다. 가급적 거리를 관찰할 땐 이어폰을 끼지 마시길! 거리를 다닐 때 이어폰을 끼면 교통사고 위험도 있으니 주의해야 한다는 점도 명심하자.

평소에 난 특별히 무언가를 의도적으로 관찰하려 들진 않는다. 다만 거리의 소음을 듣고, 간판들을 쭉 둘러보는 습관이 있다. 어떤 가게가 망하고 흥했는지 거리 간판의 역사History를 살피게 된다. 게다가 간판을 살피면 브랜드 네이밍 트렌드까지도 엿볼 수 있게 된다.

거리를 걸으며 사람들의 패션을 본다. 헤어스타일, 가방, 아우터, 신발의 스타일, 남자는 남자대로, 여자는 여자대로 패션을 통해 자기 몸의 어느 부분을 강조하는지도 살핀다. 그리고 다음에 내 패션을 조정할 기회가 생기면 거리에서 봤던 것을 참고한다. 별도로 패션 잡지를 보지는 않는다. 집에 텔레비전도 두지 않았다. 그런 것이 있으면 난 완전 중독되기 때문에 스스로의 나태함과 방만함을 차단한 것이다. 대신 유행은 거리에서 파악하는 편이다.

거리의 관찰은 내 취향과 구매 생활에도 적잖은 도움을 준다. 난 신발을 사야 할 때 최소 1~2주간 길거리에서 사람들 신발만 쳐다보고 다닌다. 주로 많이 돌아다니는 색상은 무엇이고, 브랜드는 무엇인지, 하이탑이 많은지, 컨버스가 많은지, 워커가 많은지, 구두가 많은지, 신발과 어떤 바지를 함께 매치하고 다니는지, 신발에 따른 걸음걸이들은 어떻게 다른지 습관적으로 쳐다본다.

포멀한 구두를 신는 사람이 발을 질질 끌면서 다니는 경우는 거의 없다. 포멀한 구두를 신으며 통이 넓은 힙합 팬츠를 입진 않는다. 종종 거리에서 반복해서 보는 사람이 있다. 벌써 시각적으로 정이 들어버린 그런 사람. 그 사람의 패션이 변하는 것을 보는 것도 즐거운 일이다. 내가 망원역에서 자주 봤던 그 남성은 구두를 신고 수트를 입을 땐 매우 반듯한 걸음새였으나, 농구화와 배기팬츠를 입을 땐 껄렁껄렁한 걸음걸이였다.

신발과 옷은 단지 실용성을 위한 패션 아이템이 아니라 그 사람의 태도Attitude를 대변하는 것이란 생각이 들었

베이징 길거리. 맥도날드 광고판.

"이모는 이 말만 해주고 싶구나 : 수능이 너의 인생의 전부를 결정하진 않는다. 그냥 최선만 다하면 돼." 1989년 수능생 @연기자 왕린

(姨只想说 : 高考不能决定你的人生，全力以赴就好. 1989届高考生@演员王琳)

광고를 보면, 광고 게재 시점에 중국대입시험 가오카오(高考)가 있었음을 알 수 있다. 우리나라와 마찬가지로 예비 대학생들을 소비자로 유인하기 위한 광고로 보인다.

다. 옷을 입는 행위는 '태도를 입는 것'이라는 의류브랜드 베트멍Vetement 디자이너의 말이 생각났다.

마찬가지로 가방을 사야 할 땐 1~2주간 가방만 쳐다본다. 이발을 해야 할 때, 헤어스타일을 바꾸려 할 때도 거리에서 사람들 헤어스타일만 쳐다보며 다닌다. 이런 식으로 거리를 관찰하고 다니다 보면, 대략 요즘 유행이 뭔지, 어떤 컬러가, 어떤 브랜드가, 어떤 스타일이 대세인지 금세 파악하게 된다. 남들이 하고 다니는 걸 따라할 때도 있고, 그와 정반대로 할 때도 있다. 선택은 각자의 몫. 다만 다른 이들은 어떻게 하고 다니는지 잘 살펴보시길.

거리는 어디로 가지 않는다. 늘 그곳에 있다. 단지 조금씩 변화할 뿐이다. 그 변화의 속도와 뉘앙스를 파악하는 것, 그것만으로도 많은 인사이트를 얻을 수 있고, 이는 기획을 위한 좋은 자양분이 된다. 인위적으로 만든 트렌드 보고서나 책보다 거리에서의 관찰을 생활화해보자.

가진 것을 알면 버릴 것이 보인다.

— 줄리 모건스턴(Julie Morgenstern)

정리력

멋지게 관찰하여 인사이트를 얻었다면, 이제 그 내용을 정리해야 한다. 아무리 좋은 이야기를 들어도, 아무리 좋은 책을 읽어도, 아무리 멋진 회의를 해도, 그 내용들이 정리되지 않으면 모두 허사다. 그저 많이 공부했을 뿐 무언가 정신의 산출물로 이어지지는 않기 때문이다.

주고받는 말들과 문서에 담긴 정보에는 하이어라키 Hierarchy 계층가 있다. 정보들은 각자 다른 중요도와 맥락을 가지며, 각 정보가 가리키는 방향은 다르다. 그래서 모든 정보를 동등하게 취급할 수 없다. 특정한 관점으로 정리해야만 한다. 그 관점에 따라서 어떠한 정보는 누락시키고, 어떠한 정보는 실제 언급된 양보다 훨씬 더 많이 부각되기도 한다.

정리가 필요한 이유

심리학자 수전 피스크Susan Fiske와 셸리 테일러Shelley Taylor는 '인지적 구두쇠Cognitive Miser'라는 개념을 제시했다. 구두쇠는 돈이 있어도 잘 안 쓰는 사람을 일컫는 말이다. 인지적 구두쇠는 사용할 인지 능력이 있음에도 잘 안 쓴다는 말이다.

인지적 노력을 덜 들이면서 신속히 판단하기 위해서인지는 잘 모르겠으나, 우리는 머릿속에서 처리 가능한 정보만을 취사선택하는 경향이 있다고 한다. 그리고 많은 정보를 기억하지 못해 방대한 양의 정보들을 모두 머리에 남기기 어렵다고 한다.

그럼 취재, 관찰, 인터뷰, 대화를 통해서 획득한 방대한 양의 정보를 어떻게 할 것인가. 요약, 정리해서 부분적인 인사이트를 추출해두지 않으면 먼저 내 머릿속에서 기획의 방향을 세우기 어렵고, 팀워크을 위해 동료들에게 공유하기도 어렵다. 공유가 어려우면, 더 나은 기획을 위한 토론 자체가 불가능해진다.

기획과 관련된 작은 대화라도 빠짐없이 정리하는 습관이 필요하다. 금방 경험하고 취득한 정보는 내 머리에 오래 남을 것 같겠지만, 그건 착각이다. 자기 머리를 과신하지 말라. 정리하라.

기록은 책상에서만 하는 게 아니다

정리를 하려면, 일단 정리할 대상이 있어야 한다. '기록물'이 있어야 한다는 말이다. 기록을 하는 습관이 갖춰지지 않았는데 정리를 잘할 리 만무하다. 나는 메모를 많이 하는 편이다. 그리고 메모를 즐기는 동료들을 좋아한다. 세계의 흔적을 놓치지 않고 기록하고, 그 기록을 발판으로 멋진 기획을 준비하는 친구들이니까. 기록을 하지 않는 친구들은 나에게 잔소리를 많이 듣게 된다.

가끔 어떤 후배를 보면 기본이 갖춰지지 않았는데 전문가 행세를 할 때가 있다. 기본적으로 상대가 하는 말을 이해하지 못하면서 자기주장을 포장하려는 데 급급해, 강의를 듣건, 세미나를 하건, 토론을 하건, 업무 미팅을 하건 도통 기록을 하지 않는다. 자기 머리를 과신하기 때문일까. 하지만 천재가 아니라면, 기록 없이는 어떠한 지식과 인사이트도 쌓이지 않을 것이다.

우리가 경험하는 모든 순간은 '연속적Continuous'이다. 관찰, 대화, 토론, 영화, 회화, 음악 감상 등 모든 행위는 시간과 함께 흘러간다. 그래서 그 순간순간은 경험하자마자 과거가 돼버리고 기억의 저편으로 치닫는다. 기억을 붙잡아 두려는 에너지는 다시금 새로 들어오는 연속적 정보를 향한다. 순간의 기억은 과거의 기억이 되고, 과거의 기억은 이내 사라진다. 무언가 느낌이 오는, 놓치지 않아야 할 기억이라면 반드시 기록해두어야 한다. 그래야 기획을 위한 정리를 할 때 다시 꺼내 볼 수 있다.

누군가의 말을 들으며 필요한 경우, 대화 중간 중간에 내용을 정리하면서 메모하는 습관을 가져보자. 이렇게 하면 상대가 말하는 핵심도 명확히 정리할 수 있고, 대화가 끝났을 때 요약이나 회의록도 굉장히 빠른 속도로 작성할 수 있다. 머릿속에서 이미 상대방의 말이 구조화되었기 때문이다.

상대의 말을 놓치지 않기 위해서 기록하며 말하는 습관은 권장할 만하다. 단, 주의사항 하나. 스마트폰 메모장으로 기록해야 할 땐 상대에게 미리 양해를 구하자. "핸드폰으로 메모 좀 하면서 듣겠습니다"라는 말을 먼저 남기면 딴짓을 한다는 오해도 막을 수 있고, 자기가 존중받는다는 느낌을 주어 상대의 기분이 좋아진다. 인지상정 아닐까.

노트나 필기구가 제대로 갖춰지지 않으면, 혹은 노트북이 없으면 기록을 제대로 하지 못하는 친구들이 있다. 그런 사람이 있다면, 기록이 필요한 순간은 언제든 찾아오기 때문에 늘 기록에 필요한 장비를 소지하라. 더욱 권장하는 건 기록을 위한 '장비병'에서 벗어나는 태도다. 기록은 펜만 있어도 할 수 있다. 종이는 빌리면 되고, 여의치 않으면 손바닥에 적으면 된다. 스마트폰이 나오기 전까지 내 손바닥엔 늘 무언가가 적혀 있었다.

기록은 꼭 글로만 하는 게 아니다. 스마트폰으로는 사진, 메모장, 음성 녹음 등 다양한 방식으로 기록할 수 있다. 현장에서 글로 기록하기 어려운 것은 사진으로 찍어두면 좋다. 사진을 찍을 땐 눈치를 보지 말 것. 기록을 위한 사진은 굳이 구도나 화질감이 좋지 않아도 좋으니 현장을 재빨리 찍고 올 것. 재빨리 촬영하지 않으면 종종 제재를 당해 더 이상 사진을 찍을 수 없기 때문이다.

동료들과 대형 편집 매장에 시장조사 차 간 적이 있다. 우린 A사의 새로운 비즈니스 모델을 기획하고 브랜드를 만들기 위한 환경 분석을 하던 중이었다. 그 전에 오프라인 환경을 파악하기 위한 현장 조사가 필요했다.

"관련 있는 것, 눈에 들어오는 것, 우리가 논의한 방향에서 인사이트를 줄 것 같은 것은 일단 모두 다 기록합시다. 사진은 생생하게 다 찍어두고."

이럴 땐 눈치껏 찍고 조용히 사라져야 한다. 대기업 대형 매장의 직원들은 내부 매뉴얼 탓인지 매대의 물건 사진 찍는 것에 아직 인색하다. 특히 다른 곳과는 조금 다른 VMD를 보일 경우 특히 그러하다. 하지만 어찌 하늘을 손바닥으로 가릴 수 있으랴. 그런다고 경쟁사들이 자신들의 MD력을 파악하지 못할까. 게다가 지금은 사진의 시대인데, 사진을 찍게 하면 외려 입소문을 내는 데 도움이 되지 않을까.

우리 팀에 아직 서투른 동료 몇 명이 눈치 없이 "찰칵찰칵" 소리를 내며 사진을 열심히 찍어댔다. 우리가 너무 당당하게 사진을 찍어서 그랬는지 매장 직원은 뒤에 서서 눈치를 보며 아무 말도 못하고 안절부절했다. 그 매장 직원이 어디론가 달려가더니 선배로 보이는 사람을 데리고 왔다. 우리는 곧 제재당했다. "죄송합니다"라는 말을 남기며 황급히 현장을 떴다. 언제 어디서나 우린 '죄송할' 준비를 하고 다닌다. 그럼에도 부끄러워할 필요는 없다.

어느 날 동료들과 리프레시를 하며 가로수길 한 카페에서 수다를 떨고 있었다. 만성 야근과 밤샘에 지쳐 있던 우리였다. 팀원들을 다독이고자 일과 중에 카페로 나가 커피 마시며 놀고 있었는데, 대화는 자연스럽게 해야 할 프로젝트 기획에 대한 이야기로 흘러갔다. 놀러 나간 거라 아무도 필기할 게 없었다. 급하게 카페에서 펜을 하나 빌렸고 우리는 냅킨을 뭉텅이로 들고 왔다. 냅킨을 하나하나 펴서 겹치고 그 위에 대화했던 내용을 정리해갔다. 그렇게 기획서가 순식간에 완성됐다.

그 30분간의 기획으로 결국 프로젝트를 수주했고 즐겁게 진행했던 기억이 난다. 기록은 책상에서만 하는 것이 아니다. 잊지 말자. 정리의 시작은 기록이다.

쉬다가도 생각이 떠오르면 즉시 기록해야 한다.

팩트와 크리에이티브 구분하기

나는 브랜드 만드는 일을 하기 전에 잠시 신문기자로 일했다. 내가 맡은 일은 교수, 연구자들의 표절을 취재하고 표절에 대한 윤리를 만들어가는 일이었다. 작은 신문사였지만 표절 기사가 학계에 미치는 영향은 컸고, 학계뿐 아니라 그와 연관된 정계, 문화계에도 파급효과가 적지 않았다. 2006년에는 KBS 〈추적 60분〉에서 공동 작업 제의가 들어와 대한민국 교수들의 표절이라는 연구 부정행위를 함께 취재하기도 했다.

그러다 보니, 나는 남의 생각을 자기 생각인 양 쓰고 말하는 것에 매우 민감한 편이다. 나 역시 말을 할 때 그런 실수를 하지는 않았는지 찜찜할 때가 있다. 그래서 무슨 말을 할 때 내 생각인지 남의 생각이었는지 애매할 경우, "어디선가 그런 이야기를 들었던 것 같습니다"라는 말을 덧붙인다.

정리를 위해 기록물을 뒤적이다 보면 그 정보 가운데는 사실이 있고, '카더라'나 상대의 의견도 있고, 그런 의견을 듣던 중 떠오르는 생각을 메모해둔 것도 있다. 정리에 필요한 정보들은 그러한 유형별로 나누어 정리한다. 크게 업계의 상식 및 새로운 정보, 상대의 의견과 나의 의견, 크리에이티브 등 세 가지(1. 사실, 2. 의견, 3. 크리에이티브)로 나누어 기록하고 정리한다.

의견을 정리할 땐 누구의 의견인지 그 사람의 이름을 함께 적어둔다. 대화상에 떠오른 나만의 크리에이티브에는 '#'을 붙여 표기한다. 각자의 취향에 따라 다른 기호를 붙여 구분해도 좋다. 나중에 이런 것들이 구분 없이 정리돼 있으면, 어떤 것이 나만의 독자적 생각인지 알기 어렵고 내 생각인지 상대방에게 들은 생각인지 구분되지 않아, 상대의 이야기와 말을 표절하기 십상이다.

'미팅'으로 기획을 시작할 때 : 컨택 브리프

나는 브랜드를 만들고 키울 방법을 고민하는 사람이다. 그리고 브랜드가 공동체에서 어떤 역할을 해야 하는지 고민하고 기획하는 사람이다. 이 일을 위해 많은 사람을 만난다. 그리고 대화하고, 기록한다. 때론 강의를 한다. 더 나은 관점을 위해 책과 논문을 찾아 읽고, 동료들과 토론을 한다. 직업상 만나는 사람은 정말 다양하다. 대기업 임원, 변호사, 소상공인, 대학생, 재래시장 상인, 공무원, 비영리 단체, 길거리 시민, 외국인 등등.

프로젝트에 국한해서 보면, 기획의 시작은 언제나 '미팅'이었다. 프로젝트에 대한 오리엔테이션을 듣고 배우는 미팅, 우리의 방법론을 교육하거나 생각을 전하고 논의하는 미팅, 그 어떤 미팅이든 간에 미팅이 끝나면 반드시 '컨택 브리프Contact Brief'를 작성한다. 컨택 브리프에는

Contact Brief

Client 고객	주식회사 ○○○
Date / Time / Loc 일/시/장소	2022.00.00 / 13:00-15:00 / LMNT COMPANY
Subject 주제	○○○ 신규 브랜드 개발건
Attendant 참석자	Client : ○○○ 기획팀장, ○○○ BX 디자이너, ○○○ 매니저, …
Rec. 기록	○○○

1. 주요 논의 사항
2. 주요 의견 사항
3. 합의 사항
4. 추후 진행 사항 및 일정

컨택 브리프 양식 예시.
각자 상황과 조직 특성에 맞춰 변형하여 사용하면 된다.

그날 논의의 참여자, 일시 및 장소, 논의 주제 및 내용, 추가 발전 및 기획 사항, 향후 일정 등을 중심으로 기록한다.

컨택 브리프는 기본적으로 기획을 전개하기 위한 방향을 설정하고, 기획 외적인 장애요소가 무엇인지 파악하기 위한 단서를 제공한다. 프로젝트가 끝날 때까지 일자별 컨택 브리프는 방향을 다듬어가는 데 큰 도움이 된다. 또한 이 브리프는 기획 과정에서 정보 책임을 명시하기 위한 목적도 갖고 있다. 그래서 회의에 참여한 사람들의 명단을 기록하고, 중요한 코멘트의 경우 누가 한 말인지를 함께 기록하기도 한다.

미팅을 할 때 대화를 주도적으로 이끌어가는 사람은 가급적이면 주요한 사안 위주로 메모하는 게 좋다. 대화를 이끌어가기 위해서 대화 자체에 집중해야 하고 또 발언을 준비해야 하기 때문이다. 어시스트를 하는 나머지 동료들은 저마다 동시에 미팅 내용을 타이핑하는 게 효과적이다. 누구는 전체를 다 기록하는 메모를 하고, 조금 더 상황 파악이 용이한 선배들은 주요한 내용 위주로 정확히 기록하여 미팅이 끝난 후 미팅 브리프 완성을 위해 정보를 모은다.

어떠한 정기 미팅은 일정한 형식과 대화 주도자(책임

자)가 정해져 있기에 나머지 팀원들은 대화에 적극적으로 참여하기보다 기록과 상황 관찰에 힘을 써야 한다. 모두가 대화에 참여하여 민주주의적 토론을 일삼으려 하는 순간 회의는 산으로 가고 시간을 낭비하게 된다. 그런 미팅은 아이디어를 확장시키는 브레인스토밍 회의에나 적합하다.

여럿이 아이디어를 나눌 때 :
크리에이티브 브리프

시카고에서 열린 한 크리에이티브 워크숍에 참석한 적이
있다. 당시 워크숍에는 미국과 캐나다의 카피라이터, 크리
에이티브 디렉터들이 함께 참여했다. 2박3일간 진행된 워
크숍에서는 나를 포함한 다른 디렉터들이 각자의 작업물
을 20~30분씩 발표하고 질의응답을 진행했으며, 각자 업
에서의 애로사항 등을 논의하고 더 나은 기획을 위한 방안
을 토론했다.

　한 섹션에서는 업무 효율성과 부서간 소통 장벽을 넘
어서기 위해 효과 있는 방법들을 서로 주고받았는데, 대
부분 한 목소리로 말했던 것이 '크리에이티브 브리프
Creative Brief'였다. 크리에이티브 브리프는 우리나라에서도
오래전부터 광고 대행사들이 사용해오던 정리습관 중 하
나다. 프로젝트 성격에 따라 기록하는 내용이나 양식이

자유롭지만, 명확한 건 이 브리프는 기획에 대한 업무 시
방서示方書 일정한 순서를 적은 설명서라는 점이다.

브리프에는 기획에 대해 각 부서와 관련자들이 함께
논의하고 합의한 내용들과, 기획을 맨 앞에서 책임지는
디렉터의 인사이트를 섞어 기록한다. 디렉터의 기획 방
향을 표기하며, 이 방향을 실천하기 위한 부서별 업무 역
할 및 책임R&R, Role&Responsibility을 명기한다. 큰 조직에서는
R&R을 논의하는 데 많은 시간을 보내기도 한다. 서로 일
을 떠안지 않으려 하기 때문이다.

크리에이티브 브리프는 사전 미팅과 스터디, 기획을
통해 작성한다. 크리에이티브 브리프는 기획 방향을 좌
우하는 중요한 문서로 기획의 사전 단계에 작성되어야
하며, 핵심만 기록하고 군더더기가 없어야 한다.

동료들과 함께 '매아리(매일 부르고 싶은 아름다운 이름)'라
는 비영리 공익 브랜딩 커뮤니티에서 진행했던 서울시
환경캠페인 프로젝트의 사례를 예시로 들고자 한다. 프
로젝트 참여자에게 브리프를 배포하고, 각자 맡은 업무
를 같은 포지션끼리 논의하며 진행한다. 브리프는 업무
를 효율적으로 진행하기 위해 반드시 작성한다.

Contact Brief

최장순 | 2017.6.10 | 공익 브랜드 나눔 커뮤니티 매아리

Project Details (프로젝트 상세)

- Prepared for : 서울시
- Project Name : 서울시 몽땅 깨끗한 강 캠페인
- Project Manager : 최장순 / 이라영
- Subject : 캠페인 프로그램 기획

Situation (상황)

- 한강 수변가 무분별한 쓰레기 무단투기 급증
- 한강축제 시즌 내 급증할 것으로 예상되는 쓰레기 무단투기 행위 감소 및 근절을 위한 캠페인 필요

Campaign Objectives (캠페인 목적)

- 쓰레기 투기 행위 단속 등 처벌을 통한 행동보다는 시민들의 자발적 참여를 통해 무단투기를 금지하는 방안 모색
- 환경 미화라는 계몽적 메시지보다는 즐겁고 위트 있게 참여할 수 있는 프로그램 마련 필요
- 캠페인 브랜드의 가시성Visibility 창출을 통한 브랜드 인지도 제고 및 지속가능한 캠페인 프로그램 셋업

Project Scope (프로젝트 범위)

- 캠페인 브랜드 개발
- 브랜드 디자인
- 캐릭터 개발
- 프로그램 기획 및 커뮤니케이션 전략 수립
- 캠페인 실행

Audience (사용자)

- 한강 방문 시민, 서울시민 일반

Experiential Problem (경험상의 문제들)

- 무단투기가 잘못됐다는 인식이 생각보다 많지 않다.
- 정작 쓰레기를 버리려고 할 때 쓰레기통을 찾을 수가 없다.
- 쓰레기를 들고 다니기 힘들다.
- 멋지게 차려입고 나왔는데 쓰레기를 들고 다닐 때 모양새가 빠진다.

Actual Solution (실제 해결책)

- 무단투기하지 말자는 재미있는 이벤트 기획 / 참여시 선물 제공
- 쓰레기 버릴 수 있는 구역을 늘리고, 쓰레기 존을 고지
- 쓰레기를 들고 다닐 수 있는 예쁜 쓰레기 봉지 디자인

R&R (업무 역할 및 책임)

- 컨셉 기획 및 전략 수립: 매아리
- 디자인: 오픈마인드
- 업무 협조: 서울시

Due Day (마감일)

- 전략 및 디자인 완료: 2017.6.30.

(위) 쓰레기 먹는 먹깨비 비닐봉투.
(아래) 캠페인 준비 사진, 쓰레기 먹는 먹깨비 농구 골대
이미지.

이메일과 파일 제목도 습관이다

나는 아침에 일어나 정신을 차리고 나면, 가장 먼저 이메일을 확인한다. 이메일은 내 하루의 시작을 알리는 중요한 의식Ritual이다. 잠을 자는 사이에 새로운 사실이나 정보, 비즈니스의 기회가 오지는 않았는지 체크한다. 그리고 제목을 보고 삽시간에 메일을 확인하고 불필요한 것은 삭제한다.

사무실에 나가서 동료들과 하루 일과에 대한 대화를 짤막하게 나눈 뒤에는 작성하다 만 파일을 열거나 읽어야 할 파일을 연다. 정말 운이 좋게 시간이 남으면 글을 쓰거나 책을 펼쳐든다. 더욱 호사스런 사치의 시간이 주어지면, 카페에 가거나 거리로 나가 산책을 하는데, 최근에는 이런 사치스러운 시간을 많이 확보하지 못했다.

사무실에서 3분만 걸어가면 '연트럴 파크(서울 마포구의 연남동 공원을 센트럴 파크에 빗댄 표현)'가 있는데, 언제나 그쪽으로 나갈 시간을 만들고 싶어 문서 작업은 전광석화와 같은 속도로 진행한다. 물론 이 속도는 나만의 '주관적 속도'다. 실제로는 연트럴 파크에 많이 나가보지 못했다.

기획 일을 한 지 10년이 지났다. 일에 대한 사명감이나 보람은 과거와 약간 달라진 것 같다. 사명감은 다른 차원의 사명감으로 질적으로 발전됐지만, 보람은 예전처럼 많이 느끼지 못한다. 모든 일에서 보람을 느끼며 살 수는 없는 법이라며, 스스로를 달래본다. 그래도 보람을 느낄 때는 내가 해온 일을 쭉 정리해볼 때다. 정리된 것을 보면 내 인생이 그닥 나쁘지 않았다는 생각이 든다.

이 일을 오래 하기 위해서는 끊임없이 공부하고 경험하며, 체득한 지식을 잘 정리해두어야 한다. 정리는 정보를 배열하는 기술이다. 언제든 잘 꺼내 쓸 수 있도록 잘 구분해두는 기술이고, 불필요한 것을 배제하는 기술이다. 그런 기술을 통해 내게 남아 있는 건 다양한 방식으로 고생하면서 축적한 경험과 그에 대한 증거 자료들이다.

대부분의 증거가 전자 파일로 돼 있어 늘 불안하다. 전자파일은 언제든 쉽게 사라질 수 있으니까. 내가 해온 일, 하는 일, 나의 생각을 책으로 더욱 알려야겠다고 생각한 것은 아마도 전자 파일에 대한 불안감 때문은 아니었는지. 책은 적어도 종이에 인쇄를 해서, 순식간에 증발해버리진 않으니까.

정리를 잘하려면, 정보를 생산하는 순간부터 정리를 염두에 두고 정보를 저장해야 한다. 우리가 주로 취급하고 관리해야 할 정보의 영역은 이메일과 잡다한 문서, 영상 파일 등이다. 저마다의 방식이 있겠으나, 내가 만든 효과적이라 생각되는 방법을 몇 가지 소개하려 한다. 사실 별 거 아닌 방식이고 이미 유사한 방식으로 정리하는 분들도 많을 거다. 하지만 파일이나 이메일 관리에 애를 먹는 분들께는 분명 도움이 될 거라 생각한다.

이메일 관리법 :

이메일은 같은 프로젝트끼리 묶어서 보관하는 것이 좋다. 먼저 메일 사이트에서 프로젝트별 폴더를 만들어 관리한다. 개인 메일과 업무 메일은 별도 폴더로 구분하고 업무 메일은 업무의 성격과 종류에 따라 카테고리를 나눈다. 받은 이메일은 폴더별로 관리하여 추후 이메일을 검색할 때 용이하게 분류해둔다. 이는 검색뿐 아니라, 이메일을 한꺼번에 다운로드하고 삭제할 때 매우 용이하다.

이메일 검색을 더욱 용이하게 하려면, 메일 제목을 정

확히 써야 한다. 메일의 본문 내용과 주제에 부합하는 제목을 적는다. 내부 동료들끼리 주고받는 메일의 제목은 다음과 같이 정리한다.

[ ] 안에는 메일의 '목적'이나 '소속'을 적는다. 프로젝트일 경우 '프로젝트명'을 적고, 가령 공람을 위한 목적일 경우 '공람', 혹은 '공지'라고 적어둔다. 회사 이름을 적기도 한다. 외부에 발송하는 메일의 경우엔 발신하는 조직의 이름을 함께 입력해둔다(다음 쪽 예시의 LMNT는 내 회사 이름의 줄임말이다). 조직의 이름을 적는 것은 상대가 이메일을 쉽게 찾게 하기 위한 배려다.

메일 제목에서 '주제'에 해당하는 내용을 적을 때는 가급적 메일 목적을 명확히 기재한다. 메일을 주고받다 보면 제목을 다듬지 않고 답장하기 버튼을 눌러 'RE:RE:RE:RE~'로 시작되는 제목의 메일이 쌓이게 된다. 이런 메일의 경우 메일 제목만 보고 원하는 내용을 다시 찾아보기 어렵다. 주제가 바뀔 때에는 제목을 새로 고쳐 쓰는 것이 좋은 비즈니스 매너다.

메일 제목 작성 예시

내부 공유 메일

[프로젝트명/목적] 주제 + (기한)

[메일 성격] 주제

예시

[H프로젝트/공유] 브랜드 전략 브리프

[프로젝트/공유] 브랜드 전략 브리프 수정 사항

[공지] 연말정산 서류 작성 관련 (~2/15)

[T프로젝트] 브랜드 컨셉 평가 의견 급구

외부 발송 메일

[소속 회사명/프로젝트명] 주제 + (기한)

예시

[LMNT/G프로젝트] 브랜드 네임 법률 검토 의견

[LMNT/G프로젝트] 브랜드 디자인 보고

[LMNT/G프로젝트] 자료 요청 문의 (~3/4)

파일 관리법 :

기획을 하다 보면 성부, 성자, 성령의 이름으로 문서의 세례를 받는다. 내 삶은 온갖 문서로 도배돼 있고, 만일 천국에 가는 기준이 문서의 양이었다면 난 천국에 가고도 남을 것이다. 사용하고 있는 TB테라바이트 외장하드도 세 개다. 1TB 두 개와 3TB 한 개. 하드디스크도 여럿 되는데, 그 디스크에는 학부 시절 썼던 글과 자료들이 들어있다.

또 회사를 만들면서 별도로 구축한 서버에도 다른 프로젝트 자료들이 들어 있다. 대부분 나와 내 동료들이 생산한 문서이고, 외부에서 획득한 자료도 적지 않다. 공부를 위한 논문과 책을 스캔한 문서도 있고, 리프레시를 위한 영화도 있다. 사진 자료도 들어 있고, 최근 진행하고 있는 프로젝트의 경우 인터뷰를 하며 녹음한 음성 파일도 들어 있다. 수많은 회의록과 크리에이티브 브리프, 미팅 브리프들이 있다. 그 파일들을 매일같이 읽고, 새로운 파일을 생산해댄다.

나뿐 아니라 대부분의 직장인들은 아마도 파일에 둘러싸여 살아갈 것이다. 제대로 된 파일 형태로 정보를 생산하기 위해 우리는 밤낮 가리지 않고 뜬눈으로 일하며 수명을 단축시키고 있다. 우리 생명이 파일로 대체되는 듯하다.

파일 이름 작성 방법

프로젝트명 + 세부 주제 + 단계 + 일자 + 파일 버전 + 작성자

예시

H프로젝트 브랜드아이덴티티전략 1차보고 20220401 kevin

1차 수정을 거친 파일은 아래처럼 버전을 표기해준다.

예시

H프로젝트 브랜드포트폴리오전략 1차보고서 20220401 r1 kevin

수정이 늘어나면,
r2, r3, ... 이렇게 순차적으로 기록한다.

문서 작성 도중 급작스럽게 프로그램이 셧다운되기라도 하면, 하늘이 무너지는 듯한 기분이 든다. 그래서 문서를 작성하면서 중간 중간 저장을 해두어야 한다. 문서를 저장할 때는 파일의 제목을 잘 기입해야 한다. 누구나 제목만 봐도 파일 내용이 무엇을 담고 있는지 알 수 있게 해야 한다.

그리고 이제 잘 만들어진 파일은 안전하게 저장해야 한다. 내 폴더는 '개인용'과 '사무용'으로 구분돼 있다. 사무용 폴더에 들어가면 업무의 성격에 따라 폴더가 나뉘고, 프로젝트 관련 폴더를 보면 연도별, 프로젝트별로 구분돼 있다. 하위 폴더를 관리하는 방식은 저마다의 업무 습관, 생활 습관에 따라 달라질 것이다. 폴더 관리 방식을 보면 그 사람의 업무 범위와 관심사, 업무 진행 방식 등을 엿볼 수 있다.

이메일과 파일 제목을 쓰는 법, 파일을 저장하는 방식을 자기 방식대로 체계화해두어야 한다. 그런 사소한 것들부터 체계화되지 않으면 정보를 찾는 데 드는 시간이 늘어난다. 결국 그 사소한 시간 낭비 때문에 기획을 위한 시간은 줄어들게 된다. 시간을 관리하려면 정보를 잘 정리해야 한다.

PART 2

기획자의
공부습관

공부가 가장 쉬웠다거나, 가장 재미있었다는 말은
새빨간 거짓말입니다.

공부는 노력이다

새로운 기획을 선보이려면 공부를 계속 해야 한다. 새로운 감각과 새로운 현상, 무언가 새로운 말할 거리가 계속 있어야 한다. 그 새로운 것은 미래의 것이든, 머나먼 과거의 것이든 상관없다. 지금의 현상과 그 이유를 설명할 수 있는 인사이트가 있어야 한다. 대안까지 내세울 수 있으면 더없이 훌륭하다.

가슴을 울리는 인사이트는 동서고금의 고전에서 발견되기도 하며, 명철한 미래학자들이 예측하는 내일에 대한 묘사에서 발견되기도 한다. 혹은 우리가 놓치고 있는 동시대적 가치의 조합과, 의도적 삭제를 통해 발견되기도 한다.

그 모든 노력은 공부다. 공부는 책상에 앉아 책을 읽고, 대화로 그 책과 사람을 읽으며, 마침내 이에 대한 글을 쓰고 논함으로 완성되는 것 같다. 독서讀. 대화話. 글쓰기作. 이 세 가지는 공부에서 떼놓을 수 없을 정도로 밀착되어 있다.

공부를 통한 지식의 발견은 즐겁지만, 공부하는 과정

은 언제나 고통스럽다. 무언가를 해독하고 그 깊은 의미를 파악하기 위해 비일상적인, 결코 만만치 않은 텍스트를 읽는 작업은 일단 책상에 오래 앉아 있어야만 가능한 작업이다. 내 허리는 멀쩡하지 않고 목은 거북목이 돼버렸다. 눈은 기하급수적으로 나빠지기 시작했다. 체력은 저질이 돼버렸다.

프로젝트를 하는 동안 할 수 없이 날을 새야만 할 때가 많은데, 그럴 땐 모든 공부를 내려놓고 쉬고 싶다는 생각을 하게 된다. 하지만 공부를 통한 깨달음의 달콤함은 한 번 중독이 되면 빠져 나오기 힘들다. 공부를 통해 얻는 정신적이고 실질적인 이득이 나에겐 훨씬 많았다. 그래서 시간이 나면 공부를 하게 된다. 그게 무슨 공부든 간에.

우리가 하는 모든 활동은 생명 유지 활동이다. 우린 잘 살아가기 위해 노하우를 터득해간다. 공부 또한 잘 살기 위한, 그리고 결국은 잘 죽기 위한 생명 유지 활동이다.

세상에 대해 모르는 것을 줄여가는 것, 모르는 것에 비해 아는 것을 늘려나가는 것. '생은 배워가는 것'이라는 깨달음이 있었기에 일찍이 우리 조상들은 우리 모두를 '학생學生 생을 배운다'이라고 표현했다. 제사를 지낼 때 특별한 관직을 거치지 않은 조상의 위패에 '학생부군신위學生府君神

位 배우는 학생으로 인생을 살다 돌아가신 아버지의 신령이시여 나타나서 자리에 임하소서'라고 적

는 것도 그런 이유다. 사는 내내, 우리는 배움을 통해 보다 효율적인 생명 유지 활동을 할 수 있다.

세상엔 배울 것투성이다. 우리는 거의 매일 알지 못하는 대상과 마주한다. 사람이든 사진이든 일련의 사태든 무언가를 모른다는 자각이 생기면 두 가지 태도를 취할 수 있다. 그냥 모르고 넘어가는 태도와, 그게 무엇인지 묻고 공부를 통해 확인하는 태도가 그것이다.

후자는 직접 경험과 간접 경험으로 나뉜다. 여유가 있어 모든 것을 직접 경험하면서 배우면 좋겠지만, 애석하게도 우리의 능력은 제한적이고 세계는 무척 넓다. 그래서 우리는 대부분의 지식을 간접 경험으로 획득한다. 아마도 생을 통한 경험의 90퍼센트 가량이 간접 경험일지도 모른다.

그래서 외국어가 중요하다

외국어를 공부해야 하는 이유는 시험에 나오기 때문이 아니다. 나는 언어학Linguistics을 전공했는데도 변변한 외국어 시험 성적 하나 없다(물론 언어학은 어학이 아니지만).

애당초 나에게 언어 공부란 생활 속 대화보다 읽고 쓰기 위한 목적이 컸다. 대학에 들어가 2년 동안은 독일 철학을 공부하려고 고등학교 때 배운 독일어를 다시 시작했다. 프랑스 구조주의를 공부하고자 난생 처음 불어 기본 문법을 뗐다. 둘 다 사전을 들고 기본적인 텍스트를 해독할 수 있는 기초적인 수준이 되었다.

도덕경을 원문으로 베껴 적고 읽고 해독하면서 부끄러운 실력이지만 한문도 조금 익혔다. 3, 4학년 때는 한참 그리스 철학에 푹 빠져 그리스어와 라틴어를 공부했고, 유일신교의 원류와 종교적 허상에 대한 탐구를 위해

아랍어, 수메르어 등 고대어를 위주로 공부했다.

언어를 하나씩 새로 공부할 때마다 새로운 세계에 대한 정보 접근성이 향상된다는 것을 체감했다.

지금은 손을 놓은 지 오래돼 단어도 문장도 가물가물하지만, 언어에 따라 다른 방식으로 사상이 구축되고 세계에 대한 인식과 디자인이 달라진다는 사실은 잊지 않았다. 이런 능력은 어디 가서 써먹을 수도, 직업을 구하는 데 도움이 되지도 않지만 내가 궁금한 정보를 탐색할 때 정말 큰 도움이 된다.

내게는 국내외를 쏘다니며 세계를 직접 눈에 담을 만한 시간과 자본의 여유가 없었다. 한참 어려울 땐 700원이 없어 학교에 갈 지하철 패스도 사지 못했다. 웃기는 말이지만, 나의 경우 공부가 즐거워서 했다기보다는 공부 외에는 할 수 있는 게 없었다고 하는 편이 맞는 말인지 모른다.

도서관에 가서 다양한 책을 읽고 번역되지 않은 외서들을 가급적 많이 보고 싶었다. 시간만 나면 원서들이 모여 있는 케케묵은 서가에 가서 죽치고 책을 봤던 경험이 많다. 나는 대학 4년 내내, 세상이 돌아가는 표면의 흐름보다는 이 세계를 어떻게 바라봐야 하는지 관점을 세우

느라 많은 시간을 보냈다.

그런 과정에 여러 언어를 조금이라도 공부했던 것은 정말 큰 힘이 되었다. 여러 언어를 알게 되면, 무언가에 대해 생각할 때도 다양한 관점을 갖게 된다.

예를 들어 '기업의 존재 이유는 무엇인가?'라는 질문에 대해 많은 사람들은 '이윤 창출'이라고 손쉽게 답한다. 하지만 기업Company이 라틴어 'com(함께, 공동의)'과 'panis(빵)'의 합성어임을 아는 사람은 '기업=빵을 함께 키워 나눠 먹는 공동체'라는 정의를 얻을 수 있다. 관점은 이윤을 위한 '성장'에만 머물지 않고 '분배'로도 확장된다.

최근에는 중국어 공부를 조금씩 시작했다. 매일 반복해서 학습하지 않으니 1년이 지났는데도 늘지 않는다. 중국 포털사이트 '바이두'에서 약간의 검색을 하는 정도다. 하지만 필요하다면 앞으로 실력이 늘 것이다.

언어를 공부하는 또 하나의 이유. 출판 시장에서 번역을 허락한 것들은 상업적으로 팔릴 만한 가치가 있는 것들이 대부분이다. 하지만 상업적 인기와 무관하게 읽어야 할 가치가 있는 텍스트가 더 많다. 그런 것들은 좀처럼 번역되지 않아 직접 찾아서 읽어야 한다.

남들이 제공한 지식에만 머물지 않기 위해선 언어 능력이 필수다. 그렇지 않으면 그들이 디자인한 세계 속에

갇히게 된다.

요즘 다른 고민이 생겼다. 시장이 점점 좁아지고 있다. 국내는 원래부터 너무 좁았다. 해외에 자꾸 눈이 돌아간다. '그 언어들을 말로도 잘했다면 외국 친구들을 많이 사귈 수 있을 텐데' 하는 생각 때문에 읽기, 쓰기 위주로만 외국어를 공부했던 것이 후회가 된다. 한국어처럼 외국어를 잘할 수 있으면 좋겠다는 생각이 든다.

낙타와 사자와 어린아이처럼

공부를 잘하는 법은 없는 것 같다. 두뇌가 명민할 필요도 없다. 진득함, 성실함으로 가르침을 받아들이는 태도가 중요하다.

눈앞에 새로운 배움의 기회가 왔을 때 '나 이거 아는 건데?!', '나 이거 들어본 거야, 이거 잘 알아!'라고 생각해 버리면 이내 자만심이 들고, 책이든 강의든 머리에 들어오지 않는다. 이 얄팍한 자만심이 더욱 깊이 있는 탐구를 방해하고 내공을 탄탄하게 다지는 길을 차단한다. 그러면 나는 언제나 그 자리에 머물러서 발전하지 않는다.

니체는 《차라투스트라는 이렇게 말했다》에서 정신의 세 단계 변화에 대해 이야기한다("세 단계의 변화에 대하여", 인용시 문단 구분 무시).

나는 이제 너희들에게 정신의 세 단계 변화에 대해 이야기하련다. 정신이 어떻게 낙타가 되고, 낙타가 사자가 되며, 사자가 마침내 어린아이가 되는가를. (…) 짐을 넉넉히 질 수 있는 정신은 그렇게 묻고는 낙타처럼 무릎을 꿇고 짐이 가득 실리기를 바란다. (…) 짐을 넉넉히 질 수 있는 정신은 이처럼 더없이 무거운 짐 모두를 짊어진다. 그는 마치 짐을 가득 지고 사막을 향해 서둘러 달리는 낙타와 같이 그 자신의 사막으로 서둘러 달려간다.

그러나 외롭기 짝이 없는 사막에서 두 번째 변화가 일어난다. 여기에서 낙타는 사자가 된다. 사자가 된 낙타는 이제 자유를 쟁취하고 그 자신이 사막의 주인이 되고자 한다. (…) 사자는 (…) 승리를 쟁취하기 위해 그 거대한 용과 일전을 벌이려 한다. (…) 그 거대한 용의 정체는 무엇인가? "너는 마땅히 해야 한다" 그것이 그 거대한 용의 이름이다. 그러나 사자의 정신은 이에 대항하여 "나는 하고자 한다"고 말한다. (…) 비늘 짐승인 "너는 마땅히 해야 한다"가 정신이 가는 길을 금빛도 찬란하게 가로막는다. 그 비늘 하나하나에는 "너는 마땅히 해야 한다!"라는 명령이 금빛으로 빛나고 있다. 이들 비늘에는 천 년이나 나이 먹은 가치들이 번쩍인다. 그리고 용 가운데서 가장 힘이 센 그 용은 "모든 사물의 가치는 내게서 빛난다"고 말한다. "모든 가치는 이미 창조되었고, 이 창조된 일체의 가치, 내가 바로 그것이다. (…) 새로운 가치의 창조 (…) 사자라도 아직은 그것을 해내지 못하지만 새로운 창조를 위한 자유의 쟁취 (…) 적어도 그것을 사자의 힘은 해낸다.

(…) 사자조차 할 수 없는 일을 어떻게 어린아이가 해낼 수 있는가?

(…) 어린아이는 천진난만이요, 망각이며, 새로운 시작, 놀이, 스스로의 힘에 의해 돌아가는 바퀴, 최초의 운동, 거룩한 긍정이다.

요약하면, 정신은 '낙타 〉 사자 〉 어린아이'의 순으로 질적 변화를 겪게 된다. 낙타는 '너는 마땅히 해야 한다'는 이름의 거대한 용을 주인으로 섬기고 있으며, 그 용은 천 년 이상 인류가 믿어온 세계의 가치를 담고 있다. 낙타는 기존 세계의 가치, 그에 대한 가르침, 그 무거운 짐을 묵묵히, 가급적 많이 질 수 있는 성실한 학생이다. 모든 무거운 짐을 짊어진 낙타는 사막에 나가 자신이 믿어온 세계의 가치를 극복하고자, 새로운 창조를 모색하고자 자유를 필요로 한다. 이 순간 그는 사자가 되고, 자유를 쟁취한다. 하지만, 자유만으로 새로운 창조를 할 수는 없다. 자유를 찾은 정신은 기존 질서와 가치에 대한 망각을 통해 새로운 시작을 꾀한다. 누군가에게 의존하지 않고 새로운 창조를 하는 어린아이의 정신으로 돌아간다. 어린아이의 정신 단계에 도달한 사람은 세계에 대한 새로운 해석을 하거나, 기존 질서에 대한 근본적 혁신을 이룬 사람이다. 그렇게 독자적 자기 세계를 구축한 사람이

이 단계에 해당한다.

단번에 어린아이의 단계에 도달할 수는 없다. 그 단계에 도달하려면, 사자의 단계를 거쳐야만 한다. 사자는 '새로운 창조를 위한 자유'를 상징한다. 하지만 그렇게 사자가 되려면 성실하고 제대로 된 정신적 훈련이 필요하다. 자기가 선택한 분야에 대한 제대로 된 학습과 위 세대들이 일궈놓은 담론을 '무릎을 꿇고' 겸손한 자세로 수용하는 태도가 필요한 것이다. 어떤 관점에서는, 가급적 기존 담론을 성실하게 습득해야만 비판과 극복도 제대로 할 수 있으며, 남들보다 먼저 새로운 가치에 다가갈 수 있을 거라 생각한다.

특정 분야에서 전문가가 되려면 그 분야에 대해 겸손한 마음으로 공부하고 기존 연구를 수용하는 태도가 선행돼야 한다. '낙타'의 단계를 건너뛰고 '사자' 흉내를 내는 사람들이 많다. 그들은 '어린아이'가 되고자 하지만, 결코 제대로 된 낙타도 될 수 없다. 마치 자신들은 낙타의 단계를 극복한 듯 사자 코스프레를 하겠지만, 그런 태도로는 기본적으로 전문가가 될 수 없다. 무언가에 정통하지 못하면 그 분야에서 새로운 가치를 창조하기 어렵다.

공부를 한다는 것은 니체가 말한 정신의 세 가지 단계

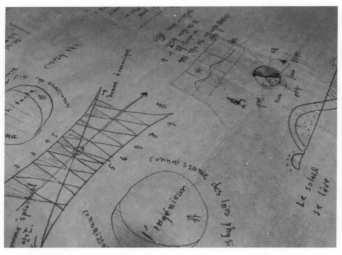

건축 공부 노트 中
생소한 분야를 공부할 땐 힘들고 지루하더라도 무릎을 꿇고 겸손한 자세로 배워야
한다.

와 비슷하다. 사자의 자유정신을 기반으로 어린아이의 새로운 창조력을 담아내고자 한다면, 일단 낙타가 되어야 한다. 선행 연구에 대한 존중, 위 세대에 대한 겸손, 성실한 배움의 자세와 이전의 지식을 몸과 머리로 견디어 낼 수 있는 체력이 필요하다. 이 모든 것을 실천하려면 일단 책상 앞에서 엉덩이가 무거워야 하니, 어찌 공부가 지루하지 않을 수 있겠는가.

독서삼도 讀書三到

눈으로는 다른 것을 보지 말 것이며 眼到,
입으로는 다른 말을 하지 않아야 하며 口到,
마음을 하나로 가다듬고 반복, 숙독하면 心到
진정한 의미를 깨닫게 된다.

讀, 나의 독서 이론

내 주변에 훌륭한 분들이 매우 많다. 생각이 나태해지다가도 그분들을 보면 정신이 번쩍 들곤 한다. 그런데 아무리 해도 정말 따라갈 수 없는 게 있다. 바로 독서에 관한 것인데, 어떤 분은 정말 독서광이라 할 정도로 책을 많이 읽는다. 1년에 100권은 기본으로 읽는 것 같다. 종종 SNS를 보면 책을 읽는 사진들이 많다. 보기에도 훈훈하다. 책 사진은 다른 사람들에게 좋은 영향력을 주는 것 같다. 하지만, 무조건 책을 많이 읽어야 한다는 식의 포스팅에는 동의하지 않는 편이다. 많은 사람들이 책에 대한 이야기를 할 때 당연시 하는 전제가 있다. 바로 독서량에 대한 신화다.

'남아수독오거서'라는 신화

남아수독오거서男兒須讀五車書. '남자라면 반드시 다섯 수레의 책을 읽어야 한다'는 말이다. 당唐의 두보가 쓴 〈제백학사 모옥題柏學士茅屋〉이라는 시의 한 구절. '다섯 수레五車'라는 표현은 《장자》 "천하天下" 편에 등장한다. 장자는 그의 친구 혜시를 언급하면서 '혜시다방 기서오거惠施多方 其書五車 혜시는 다 방면에 걸친 학문을 추구하여, 장서가 다섯 대에 실을 정도다'라고 말했다. 두보는 이 구절을 취하면서 그의 시 마지막 두 구절을 이렇게 적었 다.

부귀필종근고득富貴必從勤苦得
남아수독오거서男兒須讀五車書

부귀는 반드시 부지런히 힘써야 얻어지나니

남자는 반드시 다섯 수레의 책을 읽어야 한다.

많은 사람들이 두보의 시 구절과 《장자》 "천하" 편에 나온 '혜시다방 기서오거' 구절을 인용하며, 혜시는 성공한 사람이고, 그렇게 성공하려면 책을 엄청 많이 읽어야 한다고 해석하고 있다. 잘못된 해석이다. 책 읽는 목적을 성공으로 강제 연결시키는 사고방식 또한 반대하고 싶다. 그리고 실제 《장자》 "천하" 편에서 해당되는 텍스트를 쭉 읽어보면 장자가 혜시의 독서량을 예찬하는 것으로 보이지 않는다.

'혜시다방 기서오거'까지만 읽으면 '혜시의 학설은 여러 방면에 걸쳐 있고, 그의 책은 다섯 수레에 실어야 할 정도다'라고 해석할 수 있겠으나, 전체 맥락을 보면 그렇지 못하다.

혜시다방惠施多方
기서오거其書五車
기도천박其道舛駁
기언야부중其言也不中

혜시는 다방면에 걸친 학문을 추구하여

장서가 다섯 대에 실을 정도로 많았으나,

그 도는 천박하여

그 말이 (이치에) 적중하지 못했다.

여기에서뿐 아니라, 장자는 혜시의 이론이 깊지 않고
생각나는 대로 두루 설명한다며 혜시를 혹평한다.

남방유의인언 왈황료南方有倚人焉 曰黃繚

문천지소이불추불함 풍우뢰정지고問天地所以不墜不陷 風雨雷霆之故

혜시불사이응 불려이대惠施不辭而應 不慮而對

편위만물설遍為萬物說

설이불휴 다이무이說而不休 多而無已

유이위과 익지이괴猶以為寡 益之以怪

이반인위실 이욕이승인위명以反人為實 而欲以勝人為名

시이여중부적야是以與衆不適也

약어덕 강어물 기도오의弱於德 強於物 其塗隩矣

남쪽 땅에 기인이 있었으니 황료라 한다.

그가 혜시에게 하늘과 땅이 추락하지 않고 꺼지지 않는 이유와

비, 바람, 천둥이 일어나는 까닭을 물었다.

혜시는 사양하지 않고 응했으며,

잘 생각하지 않은 채 대답하면서

두루 만물에 대해 설명했다.

말을 쉬지 않았으며 말이 많았고 멈추지 않았다.

오히려 말이 적다고 여겨 괴이한 말까지 더했다.

그리하여 남에 반대하는 것을 실하다 했고,

(말로) 남을 이기는 것으로 명성을 얻으려 했다.

이 때문에 많은 이들과 적절히 지내지 못했다.

덕을 추구하는 데는 빈약하고

외물外物을 추구하는 데는 강했으니

그 길은 치우쳐 있었다.

장자는 혜시를 적극적으로 비판하고 있는데, 두보가 장자를 인용한 것이라면 철저히 다른 맥락에서 '오거五車'라는 표현을 사용한 것이다. 두보는 책을 많이 읽어야 성공한다는 식으로 독서량에 대한 예찬을 남겼는데, 기실 장자는 '책을 많이 읽으면 뭐하나?' 하는 관점을 깔고 있다. 다양하게 많이 읽고 속없이 겉만 화려하게 떠드는 것을 경계한 것이다.

《독서와 이노베이션》이라는 책에서는 "인간의 성공은 독서량에 정비례한다. 책을 많이 읽은 사람은 그만큼 위대하게 되는 것이다"라고 말한다. 책을 안 읽는 것보다는 낫겠지만, 독서와 '성공'을 등치시키는 태도가 불편하다. 그리고 인문학 고전 독서를 부와 성공의 비결로 등치시키는 관점도 경계하고 싶다. 이 태도는 마치 성공을 위해 열심히 주식을 하라고 하는 관점과 같이 느껴진다. 주식의 본 목적은 건전한 기업의 경영 활동을 지원해 사회를 더 이롭게 하는 데 있어야 한다. 마찬가지로 책은 성공을 위한 수단이 아니다. 책은 그 자체로 하나의 세계관이다. 책을 통해 우리는 저자가 바라본 세계와 교류할 수 있다. 이 세계에 대한 깊이 있는 통찰과 다양성, 기기묘묘함들을 경험하게 해주는 독서는 그 자체가 목적이어야 한다.

제대로 된 한 권에 집중한다

다산 정약용은 《유배지에서 보낸 편지》에서 두 아들에게 "뜻도 의미도 모르면서 그냥 책만 읽는다고 해서 독서를 한다고 할 수 없다"고 말한다. 책을 많이 읽는 것이 중요한 것이 아니라, 한 권의 책을 읽더라도 제대로 읽고 제대로 사색할 줄 아는 힘이 중요하다는 말일 터다.

나는 책을 많이 읽지 못한다. 일 년 내내 하는 일이 읽고 쓰고 발표하고 토론하는 일이라 해당 프로젝트와 관련된 실용서나 문서는 많이 읽게 된다. 읽지 않으면 무엇하나 할 수 없는 직업이기 때문이다. 하지만 이건 내 독서가 아니다. 늘 무언가 공허하다. 프로젝트 스케줄에 따라 살다 보면 정작 내가 읽고 싶은 인문학 서적들을 통 엄두도 못 내기 때문이다.

대학생 때나 진득하니 앉아 장편소설도 읽고 여러 권

의 책을 쭉 읽어댔던 것 같다. 직업을 갖게 되고 생활패턴이 바뀌면서 그런 독서는 휴가를 내어야만 가능한데, 피곤에 찌든 몸이라 그런지 휴가를 낸다 해도 독서에 적응하는 데 많은 노력이 필요하다. 게다가 두 아이가 생기면서 아내와 아이를 팽개치고 책을 보는 몰염치한 행동을 할 수 없게 됐다. 대부분의 직장인과 가정을 가지고 있는 분들이라면 처지가 비슷할 것이다.

원래 공부라는 것은 '스홀리σχολή'가 있어야 가능하다. '스홀리'는 그리스어로 '여유'를 의미한다(라틴어로 '스콜레 schole'라고 한다). 일을 하지 않고 살 수 있는 금수저가 아니라면, 모두가 일정 이상의 노동을 해야만 생명을 유지할 수 있는데, '여유'란 그런 노동력을 누군가에게 전가함으로써 확보할 수 있는 것이다.

학생 때는 부모에게 노동력을 전가해야만 학업에 몰두할 수 있다. 직장에서 야근을 하면서까지 일에 몰두하기 위해선 집안일을 누군가에게 전가해야 한다. 그렇지 않으면 집안은 엉망이 될 때가 많고, 주말에 집안일을 몰아서 해야 할 때도 생긴다. 여하간 책 한 권 진득하니 읽기 어려운 현대 사회에 무조건 많이 읽으라고 채근하는 건 무언가 맞지 않다. 그리고 대부분 독서가 끝나면 책장을 덮어버리고는 더 이상 사유하지 않는다. 사유의 습관이 형성되지 않았는데 무조건 많이 읽는다고 좋을 리 만무하다.

나 역시 앞서 장자가 비판한 혜시와 같이 다양한 분야에 관심을 두고 있다. 기호학을 공부했던 탓인지 지금 브랜드를 만드는 직업을 갖고 있어서인지는 모르겠으나, 난 다양한 현상을 일정한 흐름으로 꿰어 분석하고 그 안에 도도히 흐르는 의미의 물결들을 읽고 싶다. 그런데 내가 가진 시간으로는 다양한 현상들을 모두 파악할 재간이 없다.

그래서 나는 변화나 현상들을 지인들로부터 배우고 습득한다. 다만 그것들을 어떻게 바라보고 해석해야 하는지, 그 관점을 훈련하기로 했다. 이 역시 쉽지는 않다. 대학 때부터 나의 독서습관으로는 많은 책을 읽을 수 없다는 것을 깨닫고 '바이블'에 집중하기 시작했다. 그것도 대부분 이론적인 바이블들이다.

바이블은 특정 분야에서 지침이 될 만큼 권위를 획득한 책을 비유한 표현이다. 바이블은 많은 지성들의 '피어 리뷰Peer Review[4]'를 통해 권위를 획득한 만큼, 충분히 읽을 만한 가치가 있는 책이라 할 수 있다. 단지 인기를 끌어

---

[4] 논문 및 저서 등 학문적 연구에서 동일한 분야의 전문가들이 해당 연구물을 심사, 평가하는 과정.

많이 읽히기만 하는 베스트셀러와는 개념이 다르다.

각 분야의 바이블들을 읽는 일은 결코 만만치 않다. 그리고 사회학, 언어학, 기호학, 역사학, 경제학, 동양철학, 서양철학, 인류학 등 인문학의 바이블들은 결코 친절하게 쓰이지 않았다. 이해를 위해서는 기본적인 개념들을 숙지해야만 한다. 해당 분야의 대가가 기록한 사유의 흐름들은 깊이와 폭에서 일반 텍스트들과 큰 차이가 있다. 그래서 이런 책들을 중심으로 깊이 있게 공부하다 보면 저절로 많은 책을 섭렵하게 되고, 다양한 책들을 일정한 관점과 맥락으로 묶을 수 있게 된다.

내가 그러한 경지에 도달했다는 말은 결코 아니다. 유사한 경험까지는 해본 것 같지만, 여전히 낙타의 중급 단계에도 미치지 못했다. 잡다하게 등장하는 개론서들이나 유행을 반영하는 책들보다는 오랜 시간이 지나도 뚝심 있게 흔들리지 않는 바이블을 읽어야 한다. 한 권의 책이 이미 수백 권의 책과 아티클을 담아내는 경우가 많다. 그 한 권의 바이블을 시작으로 참고문헌에 기재된 아티클과 책들을 하나씩 따라 읽어가다 보면 그 분야에 대한 흐름이 잡힌다.

이미 독서와 사색에 도가 튼 사람들은 상관없지만, 그렇지 않은 사람들은 처음부터 잡다하게 여러 권의 책을 섭렵하려는 욕심을 버려야 한다. 욕심을 버려야 원하는 것이 채워질 것이다.

읽었던 고전들은, 연관성 있는 분야의 다른 책들과 다시 겹쳐 읽어도 좋다.

책은 서점에 가서 고른다

책을 읽고 난 뒤의 충만한 깨달음과 사색의 시간이 그리울 때가 있다. 가슴 떨리는 그 숭고한 경험은 중독성이 매우 강하다. 그러면 다음 날 회사에서 꾸벅꾸벅 졸 것이 분명한데도 내일을 생각하지 않고 날을 새어 책을 읽는다.

봐야 할 책과 보고 싶은 책이 있다. 업무라든지 현실적인 이유로 읽어야만 하는 책이 있는가 하면, 내 세계관을 형성하고 인생에 대한 관점을 만들기 위해 읽고 싶은 책이 있다. 전자는 주로 실용 서적들이다. 후자는 대부분 이론서들이거나 바이블로 꼽을 만한 소설, 예술작품 등이다.

책을 고르는 가장 좋은 방법은 서점에 가는 것이다. 서점에 가면 책을 선택하고 진열하는 MD의 판매 테크닉과 출판사 마케팅의 흔적을 볼 수 있다. 대형 서점에 가면 책이 많다는 장점이 있어 좋고, 요즘 증가하고 있는 소형 편집 서점에 가면 그 서점만의 관점을 엿볼 수 있어 좋다.

같은 책이라도 어떤 서점에는 마케팅 분야로 분류되어 있고, 다른 서점에 가면 경영 일반으로 분류돼 있는 경우도 있다. 어떤 책은 서점에 따라 자기계발이나 인문학 영역으로 분류되기도 한다. 책의 성격을 하나로 정의할 수 없을 때 MD의 관점이 달라지기 때문이다.

책들은 저마다 자기가 취급하고 있는 주제를 포괄하는 '상위 카테고리'로 묶인다. '인문', '자기계발', '경영', '사회학', '언어학', '어학'… 이런 식으로 말이다. 특정한 책을 사기 위해 서점에 오는 사람들을 제외하면 대부분의 사람들은 가장 먼저 자신이 궁금해하는 분야로 발걸음을 옮긴다. 그 코너에 가면 주제와 관련된 다양한 책들을 한 번에 볼 수 있다.

책들을 한 권 한 권 펼쳐 보다 보면, 나에게 필요한 책과 그렇지 않은 책이 구분된다. 난이도, 주제의 범위, 텍스트의 농도, 관점의 깊이 등에 따라 어떤 책은 나에게 다가오고, 어떤 책은 자취를 꽁꽁 감춘다. 그렇게 몇 권을 고르고 그 책들에 기재돼 있는 참고 문헌을 함께 찾아본다. 절판되지 않은 것들을 한데 모아 살핀다. 어떤 책을 사려고 갔다가도, 그보다 더 좋은 책을 발견해서 올 때가 많다.

　서점에 있는 책들은 유사 주제별로 정렬돼 있기 때문에 한 공간에서 관련된 다른 텍스트들을 동시에 검토해 볼 수 있고, 그 제목만 쭉 보더라도 현재 지식 시장에서 해당 주제를 바라보는 주요한 관점들을 쉽게 스캔할 수 있다. 서점에 가는 행위만으로도 지식의 트렌드를 알 수 있는 것이다.

　예컨대 2017년부터 2018년까지 '정의'나 '올바름'에 대한 책들이 대거 등장한 듯하다. 정치나 문화 현상 등 한국 사회의 일면을 비판하는 다소 정치적인 텍스트들이 유행을 타고 있으며, 우리 사회의 시대정신이 '공정함'으로 정의되는 듯하다. 삶의 태도를 다루는 책은 여전히 유행이다. 작은 행동을 쉽게 실천하며 목표에 도달하는 법, 화를 내는 법에서부터 신경 끄고 사는 법, 소박하게 사는 법, 일을 적당히 하며 저녁 시간을 챙기는 법 등 책들이 쏟아지는 것을 보면, 많은 사람들이 자기 생활을 디자인하는 노하우를 전수받고 싶어 하는 듯하다.

　책 한 권이 잘 팔리면 서점에는 몇 주 사이 그 책을 모방하는 제목과 표지 디자인들이 대거 진열돼 있다. 지식의 트렌드는 그런 식으로 형성된다. 저자와 출판사들은 독자들의 니즈를 고려하여 책을 기획하기 때문에 출간

트렌드는 소비자 니즈 트렌드와 어느 정도 상관관계가 있다고 봐도 무방하다.

　온라인 검색만으로는 이러한 분위기를 파악하기 어렵다. 정확한 검색어를 입력해야만 정보를 볼 수 있기 때문이다. 하지만, 온라인 검색은 단시간에 많은 정보를 습득할 수 있는 매우 효과적인 방식이다. 다만 어떠한 검색어를 입력하느냐에 따라 검색의 질이 달라진다. 검색의 질을 향상시키기 위해서라도 서점 등의 오프라인 현장에 가야만 한다. 현장에서만 획득할 수 있는 다양한 키워드들이 포진돼 있으니까. 우리는 서점에 가서 생각지도 못했던 다양한 키워드를 얻을 수 있다.

홍콩의 한 서점. 책은 테마를 중심으로 진열돼 있다.

추천사를 읽지 않는다

바이블부터 일반 실용서에 이르기까지 책을 두루 둘러본다. 이론적인 책들일 경우, 인터넷으로 검색해보고 가급적이면 피어리뷰를 통해 많이 추천되고 검증된 책을 고른다. 책 표지에 적힌 추천사도 피어리뷰를 짐작케 하는 한 방법이다. 하지만 난 추천사는 잘 안 읽는다. 우리나라 책 띠지나 뒤표지에 적힌 추천사를 보고 샀다가 낭패를 본 적이 한 두 번이 아니었던 데다, 우리나라 출판 시장에서 돌아다니는 추천사는 '마케팅'적 수단이 강해 책을 제대로 읽고 쓰는 추천사는 사실 많지 않기 때문이다. 지인의 부탁을 단호히 거절하지 못하는 한국 사회의 문화 속에서 정직하게 적힌 추천사는 찾아보기 힘들다(그 지인은 저자일 수도 있고, 출판사 직원일 수도 있다).

책에 대한 평가는 책을 확실히 읽은 사람들이 남긴 후

기나 서평, 학계의 평가를 찾아본다. 혹은 해당 분야의 전문가에게 직접 물어보고 판단한다. 전문가들이 수준이 낮다 평가했다 해서 무조건 내게도 수준이 낮은 책은 아니다. 그들에겐 수준이 낮지만, 나에겐 매우 적절히 잘 맞는 책들도 있다.

완독 콤플렉스를 버린다

우리가 독서를 힘들어하는 이유는 책 읽는 방법을 모르기 때문 아닐까. 대부분의 사람들이 책을 대하는 방식은 '한 번 읽고 버리는 것' 정도인 듯하다. 그리고 '책은 처음부터 끝까지 다 읽어야 한다'고들 생각한다. 물론 다 읽는 건 좋다. 나쁠 게 전혀 없다. 하지만 다 읽어야 한다는 강박으로 읽히지도 않는 책을 억지로 읽어 내려가는 건 개인의 장기적인 독서 이력에 좋은 영향을 주지 못한다.

일단 책과 친해져야 한다. 읽히지 않으면 읽지 마라. 그냥 쉬거나 다른 책을 읽어도 좋다. 생을 열심히 살고 있는 우리는 늘 무언가를 저절로 배울 때가 많다. 책을 읽지 않아도 말이다. 과거에 어려워 포기했던 책이 어느새 쉽게 이해될 때가 있다. 더디기는 해도 조금씩 성장했기 때문이다.

책 한 권을 반드시 끝내고 나서야 다른 책으로 넘어갈 필요는 없다. 모든 책을 완독할 필요도 없다. 책은 종류에 따라 다른 방식으로 읽어야 한다. 나는 결코 다독가多讀家가 아니다. 그래서 읽는 속도도 그렇게 빠르지 않다. 특정 분야의 바이블을 오래 '정독精讀'하는 편이다.

정독은 자세한 부분까지 주의하여 빠진 곳이 없도록 깊이 생각하고 따지면서 읽는 방법이다. 정독하면서 밑줄도 정성스레 치고, 책에 각종 메모도 하고, 챕터별로 발제문을 적고 동료들과 토론을 하기도 한다. 그렇게 하면 많은 시간이 소요되고 책 한 권을 완독하는 데 오래 걸리지만, 한번 제대로 읽은 책은 기억에 오래 남는다.

최근 읽은 책보다 20년 전에 읽은 책이 머릿속에 더욱 선명히 각인돼 있는 경우도 많다. '정독'과 '토론' 때문이다.

정독할 만한 책이 아니라면, 동시에 여러 권을 '병독#讀'한다. 병독을 할 땐 관련성이 높은 것끼리 묶어서 보기도 하고, 일부러 전혀 무관한 책들을 묶어서 보기도 한다. 관련성 높은 책들을 병행하여 읽으면, 내용이 반복될 때가 많고 유사한 내용에 대한 다른 해석을 보게 되어 이해에 도움이 된다. 반대로 관련성 없는 책들을 함께 읽으면, 오히려 새로운 관점과 발상으로 두 영역 사이에 새로운 관련성을 만들어 볼 수 있다.

가령 '크리스퍼 유전자 가위'에 대한 책과 '브랜드 전략'에 대한 책을 동시에 읽고 있을 때, '기업의 브랜드 DNA는 어떻게 잘라지고 새로 붙어 모양이 바뀌는가?' 하는 발상을 해볼 수가 있다.

깊이가 깊지 않으면서 실용적으로 활용할 게 많은 책들은 '발췌독拔萃讀'을 한다. 소설이나 에세이 류의 글은 스캔하듯 '통독通讀'한다.

발췌독, 통독의 방법으로 책을 읽으면 대략 300페이지 안팎의 실용서는 하루 안에 충분히 볼 수 있다. 주요한 내용을 파악하며 기록하고, 인사이트를 정리해서 업무에 반영할 수도 있다. 책의 내용과 깊이, 범위에 따라 하루에 서너 권의 책 내용을 정리한 적도 많다. 허나 이런 책들은 내 인생을 좌우할 정도로 오래 남는 책들이 아니다. 그때 써먹고 마는 그런 책들이다.

모든 독서를 인생의 나침반으로 삼으려는 태도는 완독 콤플렉스를 만들어낸다. 그리고 모든 책들이 인생의 나침반으로 삼을 만큼 대단하지도 않다. 책에 대한 스트레스를 줄이는 것. 그것이 독서를 즐겁게 만드는 첫 걸음이다.

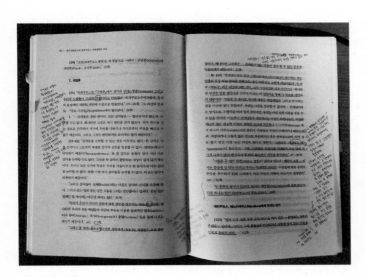

정독의 한 사례

연필이 필요하다

정독을 하든 발췌독을 하든 통독을 하든, 중요한 부분에 밑줄을 그으면서 읽는다. 다음에 읽어야 할 책과 정리할 내용이 많아서, 웬만한 바이블이 아니면 한 번 읽은 책을 다시 읽는 경우는 거의 없다. 그래서 그 책은 읽으며 '정리' 해야 한다. 혹은 정리할 시간이 없으면 책에 그어둔 밑줄이 그 정리의 결과가 된다. 다음에 다시 인용하거나 필요할 때엔 밑줄만 다시 읽는다.

내 장서 중에 밑줄이 그어지지 않은 책은 딱 세 부류다. 책이 너무 훌륭한데 쉽게 이해되지 않아 내공을 더 쌓은 후 읽으려 잠시 덮어둔 책, 밑줄을 긋지 않아도 될 만큼 가벼운 책, 안 읽은 책.

좋은 책은 일단 사둔다

나는 쇼핑하러 가는 것을 좋아하는 편이다. 하지만 물건을 많이 사지는 않는다. 윈도우 쇼핑은 영화 보는 것만큼 즐겁다. 비록 피곤하기는 하지만. 그래서 매장을 돌아다니기 전에는 아무거나 조금이라도 먹어두어야 한다. 그리고 짐을 최소화한다. 어떤 아이템을 획득할지 모르니 가급적 빈 손으로 다닌다.

서점도 마찬가지다. 그렇게 만반의 준비를 마치고 서점을 돌아다니다 보면, 각 분야별로 눈에 들어오는, 안 사면 후회할 것 같은 책들이 있다. 실제로 수년 간 그런 책들이 많았는데, 돈이 아까워 사지 않았다. 시간이 지나 어떤 사람들이 내가 사려다 포기한 그 책을 인용하고 칭찬하는 걸 보면, '아, 그 때 살 걸' 하고 다시 서점에 가거나 온라인 사이트에 접속한다. 무슨 저주를 받았는지 내가 좋아하고 괜찮게 생각했던 책들은 대부분 절판됐다. 그 중 일부는 출판사에 직접 전화해서 구매했지만, 나머지는 구하지 못한 것도 많다. 그래서 몇 년 전부터는 '사야겠다'는 생각이 들면 반드시 샀다. 그렇게 하다 보니 어떤 날은 하루에 50만 원어치 책을 산 적도 있다. 그달은 카드 값을 아껴야만 했고 먹고 싶은 술과 음식을 포기해야 했다.

책은 안 팔리면 바로 절판된다. 아무리 좋은 내용이라도 표지 디자인과 마케팅, 편집 상태에 따라서 소비자들에게 어필하는 게 다르니, 절판되었거나 안 팔린 책이라 해서 무조건 안 좋은 책은 아니다. 개중에 훌륭한 책들이 엄청 많다(절판을 경험한 저자와 출판사에 애도를 표한다). 조금이라도 오래된 책이면 구하기 어려워지곤 하니 괜찮다 싶으면 가급적 절판되기 전에 사두는 것이 장땡이다.

한번은 엄청 훌륭한 원서를 발견했다. 그래서 절판이 두려워 바로 신용카드로 계산하고 뿌듯해하며 집으로 돌아왔다. 집에서 책을 훑어본 뒤 미소를 띤 채 책장에 정리하려다보니, 아뿔싸! 그 책이 집에 있는 것이 아닌가. 때론 그렇게 두 권씩 갖고 있는 책도 있다. 그런 나를 보며 내 가족 누군가는 이렇게 말한다.

"그 많은 책을 다 읽고 또 사는 거야?"

다 읽었을 리 없다고 답한다. 그런데 왜 자꾸 책을 사느냐고 한다. 집에 있는 거나 다 읽고 사라고 한다. 하지만, 책은 라면이 아니다. 한 봉지 다 먹어야 다른 한 봉지를 사는 라면 같은 게 아니란 말이다. 지금 읽지 않는 책들도 언젠가 읽게 돼 있다. 책은 좀 묵혀둬도 괜찮다.

요즘 난 3~4년 전 묵혀뒀던 고전들과 '이 책이 여기 왜 있을까' 싶을 정도로 생소한, 하지만 분명 내가 구입한 책들을 읽고 있다. 지금은 팔지 않는 책들이다. 좋은 책을 미리 잘 사둔 스스로가 대견하다.

좋은 책이 눈에 들어오면 무조건 사둘 것. 손해 볼 일은 전혀 없다.

경청하는 사람은 어디서나 사랑받을 뿐 아니라,
시간이 흐르면 지식을 얻게 된다.

— 윌슨 미즈너(Wilson Mizner)

話, 대화의 격률[5]

우리는 사람들과의 대화對話를 통해 멋진 이상을 꿈꾼다. 어릴 적의 대화는 사회를 뒤집을 혁명이었다. 그리고 때로는 대화를 통해 가슴 벅찬 세계 여행을 다녀오기도 한다. 조금 더 진지할 때는 친구와의 대화를 통해 인류 지성사를 뒤바꿀지도 모를 이론적 가설을 세운다. 특히 술과 함께라면 대화는 언제나 그 가치를 더욱 발하는 듯하다. 정확히 술에 취해 있을 때에만!

대화는 몽상이고, 혁명이며, 여행이 되기도 하고, 순진한 상상이며, 유대감, 우정, 그리고 사랑이다. 때때로 대화는 더 나은 공동체를 위한 변혁의 힘이기도 하다. 대화는 그 자체로 세계에 대한 기획이며, 실제로 세계를 바꿀 수 있는 가장 경제적인 실천행위이다.

끊임없이 살아 움직이고 실천하는 인간이라면, 대화는 인류가 멸망할 때까지 사라지지 않을 것이다. 대화와 소

---

5 격률(Maxim) : 행위의 규범이나 윤리의 원칙. 어느 남성 잡지 이름과 같다.

통이 없는 사회는 생동감을 결여한, '죽은 시인의 사회'다.

욕구는 언제나 결핍에서 생긴다. 대화의 부재는 대화를 욕망하게 한다. '대화 앱Application', '대화형 커머스Conversational Commerce', '메신저', 'AI 스피커' 등의 비즈니스는 지속적으로 성장하고 있다. 대화에 대한 욕망이 급격히 팽창한 것이다. 우리 시대의 집단 무의식은 지금의 화두를 '대화'로 설정한 듯 하다. 어쩌면 '대화의 결핍', '대화에 대한 그리움' 때문일지도 모른다. AI와도 대화를 나누고 싶을 정도로(AI는 인간의 대화를 스스로 학습해 인간보다 더 인간답게 말을 건다).

이렇게 대화의 판은 점차 확산되고 그 규모를 달리하고 있다. 대화는 국경과 시간을 넘어 여러 채팅방 속에 저장된다. 앞으로는 지금보다 더 대화의 중요성을 인식하게 될 것이다. 그 중요성만큼이나 제대로 된 대화 양식이 마련되어야 하고, 서로를 배려하며 상호 이해를 돕는 대화의 원칙이 지켜져야 한다.

생각을 하는 사람이라면, 누구나 대화를 한다. 상대가 없을지라도 스스로와의 대화를 통해 사유를 발전시켜나간다. 혹은 책을 읽으며 텍스트화된 저자와 대화를 나눈다. 시각 텍스트(회화, 사진, 조각, 건축 등)를 마주할 때도 대화가 가능하다. 홀로 있을 때 자기 생각을 부정하고 새로운 생각을 하는 것 역시 자기 자신과의 대화다. 혹은 내 머릿속에 각인된 타자의 흔적들과 나누는 대화일 수도 있다.

혼자서 생각을 발전시키는 것조차도 커다란 시선에서 대화라고 할 수 있다면, 대화를 통하지 않고 사유하는 건 불가능하다. 모든 사유는 곧 대화이고 대화 없이 사유하는 사람도 결국 없는 것이다.

기획은 목적 달성을 위한 행동 설계다. 그 설계가 생각의 힘에서 비롯된다면, 대화 없는 생각은 없으므로 기획은 결국, 대화에서 비롯되는 것이다. 따라서 대화 없이 생각하는 건 불가능하다. 기획력은 바로 그 생각에서 비롯되므로, 대화 없이 기획력을 강화하겠다는 것은 정말 어리석은 생각이다.

대화의 숨은 뜻

말 한 마디로 천 냥 빚을 갚는다는 옛말. 어릴 적부터 듣던 말이다. 어른들은 말을 잘해야 한다고 하셨다. 사회에 나오자 말의 중요성은 협상이라는 맥락으로 좁혀졌다. 고려의 서희 장군이 거란의 소손녕과의 담판으로 흥화, 용주, 통주, 철주, 곽주, 구주 등 강동 6주를 차지했다는 초등 교과 내용도 간간이 등장했다.

우리는 말의 중요성을 유난히 많이 배웠다. 말의 중요성. 달리 말하면, 표현의 중요성이다. 그래서인지 우린 모두 '달변가'가 되길 바란다. TV 토론을 보며 말을 잘하는 작가나 평론가들을 부러워하는 사람이 많다. 하지만 모두가 말만 잘하면 어떻게 될까. 누군가가 말을 하면 누군가는 들어야 하지 않을까. 그리고 말을 잘하는 그 사람도 상대의 말을 잘 듣고 이해해야만 잘 말할 수 있는 게 아닐까.

말을 잘하는 것도 중요하지만, 잘 듣는 것 역시 그만큼 중요하다. 그리고 말을 잘하는 사람은 그저 '달변가'인 것이 아니라, 상대의 말을 잘 듣고 헤아려 그 이야기가 무엇을 의미하는지 정확히 파악하는 '경청傾聽의 달인'이라는 것 역시 강조하고 싶다.

대화는 두 개 이상의 인격체가 있어야만 서로 주고받을 수 있다. 주고받음의 밑바탕에는 언제나 '경청'이 전제돼 있어야 한다. 국어사전에서는 '대화'를 '서로 마주하여 이야기를 주고받음'이라고 정의하고 있는데, 이 정의에는 '경청'이 빠져 있다. 대화는 '경청에 기반하여 말을 주고받는 행위'로 정의돼야 한다.

문화 이론가 스튜어트 홀Stuart Hall은 '암호화Encoding-해독Decoding'으로 커뮤니케이션을 정의했다. 그 정의에 따라 대화를 묘사해보자.

여기 대화하는 두 사람이 있다. A는 자신의 지식 프레임Knowledge Frame을 암호화하여 소통이 가능한 언어로 전달한다. 머릿속에 있는 생각의 구름을 특정한 언어로 암호화하는 것이다. 여기서 특정한 언어란 한국어, 영어, 중국어와 같은 '구어口語 음성언어'와 '문어文語 문자를 매개

대화의 구조

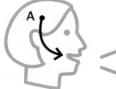
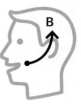

암호화
Encoding

해독
Decoding

대화는 상대의 말을 해독(Decoding)하는 '경청' 및 '이해'의 과정과,
나의 생각을 상대가 해독할 수 있는 언어로 암호화(Encoding)하여
전달하는 '말하기'의 과정으로 구성된다.

로 한 언어'일 수도 있고, 회화와 같은 '시각 언어'일 수도 있다. 때론 '음악 언어'일 수도 있고, 수식이나 공식을 포함하는 '수학 언어'일 수도 있다. B는 그 언어를 인지하고, 이해하며, 자기 지식 프레임 안으로 가져와 의미를 해독한다. 의미 해독이 완료되어야만 다시 자기 생각을 해당 언어로 암호화하고 상대에게 전달할 수 있다.

이 과정의 반복을 '커뮤니케이션'이라 하고, 일반적으로 음성적인 언어를 포함한 커뮤니케이션을 '대화'라 칭한다. '경청'은 '해독'의 과정에 있고, '말하기'는 '암호화'의 과정상에 위치한다.

여기서 주목할 것은 저마다 가지고 있는 '지식 프레임'이다. 상대의 말을 상대가 가진 지식 프레임 내에서 먼저 판단하는 과정이 중요하다. 온전히 이해하기 위해서다.

대다수는 자기 프레임 내에서 상대의 말을 해독하려 한다. 물론 쉽지 않은 과정이지만, 상대가 어떠한 지식 프레임 내에서 말하는지 명확히 파악해야 한다. 대화는 상대를 읽는 공부인 것이다. 상대가 가진 지식을 공부하고, 내 지식과 견주어본다. 그리고 부족한 것과 나은 것을 구별해본다. 대화가 없으면 공부를 발전시키기 어렵다.

기획자의 대화술 : 자비의 원리

상대의 말을 상대의 맥락에서 먼저 파악하는 것. 그리고 있는 그대로 이해해보는 것. 대화는 거기서부터 시작돼야 한다.

경청보다는 말하기를 중시하고, 상대의 이야기를 무조건 반박해야 한다는 강박을 지닌 사람들이 있다. 특히 기획 일을 한다면 더욱더 그래야 한다는 강박으로 상대의 이야기를 제대로 이해하지도 않은 채 반박부터 준비하는 사람들도 적지 않다. 그러니 대화 내내 상대의 이야기에 집중하지 못하고 동문서답을 한다. 기획자의 자질이 없는 사람들이다.

SNS에서 단편적 글쓰기와 인상 비평적 글쓰기에 익숙한 이들은 자기가 하는 말의 의미를 정확히 모른 채 표현하는 경우가 많아 그 말을 알아듣기 매우 어렵다. 그리고 그런 사람은 상대의 말을 받아칠 때에도 상대의 말을 자기 식으로 해석하고, 자기 관점에서 인상 비평한다. 이런 대화가 계속 되면 대화는 총체적으로 실패하게 된다. 서로 기분을 상하지 않으려면 일단 자리를 뜨는 것이 현명하다.

서양 철학, 수사학修辭學, Rhetoric에는 '자비의 원리Principle of Charity'라는 격률이 있다. 일상적 대화는 논리적이지 않은 게 많다. 그리고 꼭 논리적일 필요는 없다. 맥락이 생략된 채 전달되는 경우도 허다하다.

"이 문제를 해결한다면 전 세계 정상급 기획자들과 어깨를 견줄 만하다."

"나는 전 세계 정상급 기획자들과 어깨를 견줄 만하다."

위 두 문장 사이에는 "나는 이 문제를 해결했다"라는 맥락이 생략됐다. 만일 누군가가 저런 말을 했다면, 그 말을 들은 사람은 '아 저 사람이 저 문제를 해결했구나'라고 이해해주고 그 사람 말을 이해할 수 있다. 이렇게 상대의 말을 최대한 경청하고 생략된 논리까지도 합리적인 수준에서 유추하여, 상대의 말을 매우 타당하고 합리적인 것으로 완성해주는 것이 '자비의 원리'다.

'자비의 원리'는 '내가 이런 말을 했었나' 싶을 정도로 상대의 논리를 완성시켜준 다음 비판하는 것으로, 오히려 그러한 비판을 받은 사람은 자기를 비판한 사람에게 고마움을 느끼게 된다.

이상적인 생각일지 모르겠지만, 나는 모든 대화는 '자비의 원리'를 갖춰야 한다고 생각한다. 하지만 우리 일상에서 이런 경우는 많지 않다. 특히 직업 세계에서 논쟁을 하게 될 때 특히 그렇다. 유명한 달변가들은 대중적 지지도와 인기를 얻기 위해 상대에게 '자비'를 행하지 않는다. 오히려 상대의 말을 악의적으로 왜곡하여 공격하는 '허수아비 오류Straw man fallacy'를 저지른다.

'허수아비 오류'란 상대의 입장과 겉으로는 비슷하지만 사실은 전혀 다른 '허수아비 명제'를 가지고 와서 그 명제를 비판하고 때리는 태도를 말한다. 논에 농부가 서 있는 대신 허수아비를 세워 새를 내쫓으려는 태도와 같다. 멍-하게 듣다 보면 이런 비판에 고개가 끄덕여지고, 비판받은 사람은 논쟁에서 패한 것처럼 보이기도 한다. 아래에서 B의 말을 보면 허수아비 명제가 무엇인지 알 수 있다.

A : "아! 날씨 참 맑고 쨍쨍하니 좋다!"

B : "매일 맑고 비도 안 오면 농작물이 자라기 힘들고, 우린 가뭄에 시달려 굶어죽고 말 걸!"

여기서도 B는 A의 말을 매우 불성실하게 이해하고 있다. B는 "A는 맑은 날만 좋아한다"라는 허수아비 명제를 만들어 비판하고 있다. A의 입장에서는 B가 자신이 하지도 않은 말을 비판하며 자신을 공격하고 있으니 억울하고 기분이 상할지도 모른다.

보다 나은 대화를 위해서는 상대의 이야기를 온전히 이해해주려는 경청의 자세가 필요하다. 좋은 대화는 생활세계Lebenswelt에 대한 보다 나은 이해를 도모하고, 더 나은 행동규범을 만들기 위한 합리적 태도를 형성하는 데 도움이 된다.

소크라테스Socrates는 대화를 즐기는 철학자였다. 상대의 이야기를 경청하고, 상대가 의미하는 바를 명확히 하는 단계별 질문을 던졌다. 계속된 질문 속에서 상대는 자기가 던진 말의 의미를 깨닫고 인사이트를 준 소크라테스에게 감사의 인사를 하게 된다. 사실 소크라테스의 논증은 상대의 말을 하나씩 반문하면서 결국에는 상대를 함정에 빠뜨리고 비판한 것인데도 말이다.

비록 비판을 위한 악의적 목적이 있었음에도 소크라테스는 상대의 말을 합리적인 수준으로 이해하고 그 맥락을 하나씩 확인하며 받아들이는 '자비'의 과정을 거쳤다.

소크라테스는 대화의 형식, 즉 자비와 비판의 과정을 통해 '당신은 알지 못한다'는 사실을 일깨워주는 변증술의 철학자로 불린다. 여기서 변증술은 영어로 'Dialectic'이라고 부른다. '대화Dialect의 기술-ic'이라는 말이다.

대화의 철학자, 소크라테스. 어떤 관점에서 그를 인류 지성사의 아버지라고 한다면, 인류의 지성은 '대화'에서 비롯된 셈이다. 기획도 마찬가지다. 그 시작은 바로 '대화'에 있다.

자비의 원리
Principle of Charity

상대의 말을 받아들일 때,
상대가 합리적이라는 가정 하에
그의 논증이 참이 되는 방향으로
그에게 유리하게 해석하려는 태도

허수아비 오류
Straw Man Fallacy

상대방이 실제 한 말이 아니라,
상대의 말과 유사한 것으로 짐작되는 다른 생각을 내세워
그 생각을 공격함으로써
상대의 입장을 곡해하는 논리적 오류

상대의 말을 놓치지 않으려 노력한다

내 대부분의 일과는 대화다. 문서 작업을 위해 컴퓨터 앞에 달라붙어 있을 때만 제외하면 나머지 시간은 거의 대화하느라 정신이 없다. 디렉션을 줄 때는 거의 말을 하겠지만, 토론을 하거나 개인 고민 상담과 클라이언트의 전략에 대한 상담을 해줄 때는 많이 듣는 편이다. 왜냐하면 나에게 대화는 더 나은 이해를 위한 것이지, 내 입장을 관철시켜 상대를 이기기 위한 것이 아니니까.

누군가의 고민은 그저 들어주기만 해도 70퍼센트 이상은 풀린다고 믿는다. 고객 기업의 전략에 대한 고민 역시 더 많이 듣고 잘 이해해야만 솔루션의 방향을 찾아줄 수 있다. 그래서 나는 대화할 때 그들의 말에 매우 집중하는 편이다.

상대의 말을 놓치지 않아야만 더 나은 대답을 할 수 있고, 더 나은 대답을 해야만 내게도 더 나은 대답이 돌아올 수 있다. 대화의 시작은 상대의 말을 놓치지 않는 것이다. 그래서 가급적이면 난 대화가 편안하게 이뤄질 수 있는 장소를 택한다. 너무 조용한 곳은 피하는 편이다. 진지한 대화는 때론 졸음을 유발하기 때문이다. 그렇다고 너무 시끄러워서 소리 지르듯 말해야 하는 곳도 피한다. 대화에는 적당한 소음과 적당한 적막이 있어야 한다.

업무와 관련된 대화는 일회성으로 그치는 경우가 적지 않다. 한 번의 대화는 그다음 기획을 위한 대화의 씨앗이 된다. 그렇기에 대화 속에서 나오는 말들을 명확히 이해하고 기록할 필요가 있다. 기록에 대해서는 나중에 보다 자세히 언급하도록 하자.

말을 듣다가 잘 이해가 안 되면, 대화 흐름을 깨지 않는 적절한 순간에 물어보는 것이 좋다.

"아까 ○○라 하셨는데, 잘 이해하지 못했습니다. 그건 무슨 말씀이신지요?"

대화를 하며 상대의 말을 반복하면서 정리하는 것도 효과적이다.

A : "방송통신을 넘어 보다 미래 지향적으로 외연을 확장할 것입니다."

B : "아~ 방송통신에만 초점을 맞추면 안 되겠군요."

상대의 말을 가급적 모두 이해하고 머릿속에 담으려는 태도는 매우 아름다운 태도다. 상대를 동등한 인격으로 대하며 상대를 존중하는 태도니까. 상대의 말을 모두 이해하라는 말은 상대의 생각을 모두 긍정하라는 말이 아니다. 상대의 생각을 모조리 이해해야만 긍정이든 부정이든 비판적 사유도 가능해진다.

대화를 할 때 상대의 말에 집중하지 않고 자기가 할 말을 고민하는 사람이 많다. 상대보다 멋지게 이야기하고자 하는 욕심 때문인데, 그렇게 대화 중에 머리를 굴리다 보면 일단 경청하기 어려워진다. 상대를 이해하기 어렵고, 대화는 겉돌게 된다. 대화는 논쟁이 아니다. 돋보이려고 하지 말라. 멋진 말을 하지 못하면 어떤가. 우린 대화를 통해 더 나은 기획을 위한 인사이트를 얻으면 된다.

상대가 한 말을 있는 그대로 받아들이고 이해하려는 노력이 필요하다. 이게 안 되면 메모나 기록을 잘할 수 없을뿐더러, 상대가 무슨 말을 하고 무엇을 의도하는지 파악하기도 어렵다. 핵심 파악이 안 되니 요약이 되지 않고, 그 대화를 압축해서 다른 사람에게 전달하기도 어렵다.

팀웍도 어려워진다. 결국 공동의 기획력에 방해가 된다. 대화는 잘난 척의 수단이 아니다. 상대와 경쟁하듯 대화 하지 말자.

상대의 말을 온전히 받아들이고 모조리 담아야 대화가 시작된다.

언어가 아닌 것에 주목한다

영화 〈공공의 적〉(강우석 감독, 2002년) 이야기다. 영화에서 강철중(설경구 분)은 살해당한 부모의 자식인 조규환(이성재 분)을 참고인으로 불러 조사하고 있었다. 후배는 조서를 쓰고 있었고, 강철중은 울고 있는 조규환을 지켜보다 볼펜을 책상 아래로 떨어뜨렸다. 볼펜을 주우려 고개를 숙인 강철중은 책상 아래에서 무언가 보고 눈이 커졌다. 참고인 조사가 끝나고 조규환은 귀가한다.

김형사 : 차라리 칼 든 범인이랑 싸우는 게 낫지. 이런 건 진짜…

(부모 잃은 자식과 마주하는 게 힘들다는 의미로)

강철중 : (조규환의 뒤를 노려보면서) 울면서 다리 떠는 거 봤냐.

저 새끼 슬퍼서 우는 게 아냐. 금전 관계 한번 조사해봐라.

일반적으로 부모가 돌아가셨는데 울면서 다리를 떨지는 않는다. 강철중은 '울면서 다리를 떨었다면, 거짓 울음일 가능성이 많다'고 생각한 것이다. 이처럼 말에만 현혹될 것이 아니라, 말을 하는 사람의 전체적 모습을 봐야 할 때가 있다.

대화할 때 그 사람의 말에만 집중하다 보면 상대의 진심을 놓치기 쉽다. 그 사람 눈, 동작, 표정, 발이 향하는 곳, 다리를 떨고 있진 않은지, 때론 자세히 관찰한다는 인상을 주지 않기 위해 시선을 피해 주변시로 전체적인 인상을 관찰한다. 그리고 기록한다.

나는 상대의 말을 기록할 때 중요하거나 특이한 말이라 판단되면, 그 말을 할 때의 표정이나 상태를 함께 적어둔다.

[메모 내용]

A 과장 : ○○○ 뭐뭐라 함. ○○○이라는 개념을 제안했음.
(진지하게. 크게 손짓하면서)
B 대리 : "~은 매우 중요합니다. 꼭 신경 써주세요."
(표정은 심드렁. 기계적으로 으레껏 말한 듯. 이분은 거의 다 중요하다고 이야기하심)
C 팀장 : "네, 그런 것 같군요…"라고 말함.
(웃었지만, 동의하지 않는 듯한 표정)

나는 주목할 만한 상황이라면 이런 식으로 메모한다. 내 이런 습관은 고등학교 노트필기를 할 때부터 시작됐다. 그땐 배우는 내용이 전부 다 중요해 보였고 경중을 헤아리기 어려웠다. 시험에 나올 것 같은 내용이 무엇인지 알기 어려웠고, 어떤 게 더 중요하다고 직접 이야기해주는 분들이 많지 않았다. 그래서 수업해주시는 선생님들의 표정과 억양을 유심히 관찰했던 것 같다. 언제부턴가 노트에 선생님 말씀뿐 아니라 '강조하는 표정', '억양 올라감' 등 나만의 메모가 추가되기 시작했다. 그런 습관이 지금까지 이어지고 있고, 난 이 습관이 적당히 효과를 볼 때가 많다고 본다.

기호학Semiotics[6]의 관점에서 바라보면, 대화는 수많은 '기호'들이 오고가는 장이며, 대화의 주된 기호는 '말'이다. 우린 그 말에 집중하여 의미를 해독하고, 나만의 의미를 생산한다. 그런데, 그 말을 둘러싼 화자話者, Speaker의 표정, 시선, 제스처 등 동작, 말의 뉘앙스, 억양 등 '말'

---

6 기호학은 스위스 언어학자 페르디낭 드 소쉬르(Ferdinand de Saussure)가 제안한 학문으로, 의미가 만들어지고 소비되는 것을 연구하는 학문이다. 즉, 의미를 전달하는 '기호(Sign)'의 구조와 생성작용 등을 연구한다. 그리고 그 기호들이 어떠한 맥락에 놓여 있고, 어떠한 맥락으로 옮겨가는지도 살핀다.

과 무관한 기호 요소들이 있다. 이들 기호를 '준언어적 Paralinguistic 7'이라고 부른다.

대화는 말로만 이뤄진 게 아니다. 언어적 요소와 준언어적 요소로 이뤄진다. 보다 나은 이해를 위해서 우린 두 가지 기호체계를 유심히 살필 필요가 있다.

대화 상황을 촬영해서 분석하면 좋겠지만, 매번 영상을 촬영할 수는 없다. 또한 상대에게 카메라를 들이대는 순간 대화는 중단될 수도 있다. 설사 촬영에 동의한다 해도 카메라 앞에서 자연스럽고 편안하게 말할 수 있는 사람은 많지 않다. 그래서 눈과 귀로 관찰하고 기록하는 수밖에 없다.

이제는 상대가 말하는 태도와 습관, 표정, 음성의 높낮이 등을 세심히 관찰해보자. 전달되는 언어적 메시지뿐 아니라 그 말을 전할 때의 대화 상황도 중요하다는 것을 잊지 말자.

---

7 'para'는 그리스어로 '옆'이라는 의미로 '파라링귀스틱'은 언어 주변에 있어 일정한 의미를 지니는, 언어에 준하는 것으로 간주된다. 풍부한 해석을 위해서는 언어뿐 아니라 언어 주변에 있는 단서들을 모두 기록해두는 것이 좋다. 제스처, 억양, 시선, 표정, 말의 뉘앙스, 성량 등이 이에 해당한다.

인터뷰

직업상 고객사 이해관계자들과 인터뷰를 할 때가 많다. 프로젝트를 진행하기 전에 각 부서의 입장에서 해당 프로젝트를 어떤 시선으로 대하는지 취재하는 절차다. 이런 절차는 프로젝트를 이해하는 데 큰 공부가 된다. 각 부서별로 공통된 이해는 무엇이고, 다르게 이해하는 지점이 무엇인지, 왜 이해가 다른지 알 수 있다.

제대로 된 인터뷰를 하기 위해선 몇 가지 준비사항이 있다. 먼저 해당 주제와 관련하여 가급적 공부를 많이 해야 한다. 파악할 수 있는 범위 내에서 경쟁자에 대한 정보도 습득해야 한다. 그리고 프로젝트 성격에 따라서는 알아도 거의 모르는 것처럼 질문한다. 그러면 상대는 기본적인 사항들부터 친절하게 설명해준다. 쉬운 설명을 듣다 보면 용어가 어려워 잘 이해되지 않았던 것들이 쉽게 정리되곤 한다. 전문가 앞에서 괜히 전문가 흉내를 낼 필요는 없다. 거의 모르는 것처럼 질문할 때도 있어야 한다.

인터뷰 전에는 상대를 파악하고 공부하고 인터뷰 설계를 명확히 해야 한다. 그 사람 회사의 업무, 프로젝트의 성격, 그 사람의 일, 그 사람 취향, 학교, 전공, 취미, 때론 가족 관계까지 필요하다면 모두 알아본다. 그 사람을 아는 사람이 있는지 주변에 수소문하거나, 유명 기업인의 경우에는 가볍게 포털 검색을 해본다.

인터뷰 내용은 영역별로 구조화하여야 한다. 큰 카테고리에 대한 질문부터 세부 내용으로 래더링Laddering해야 한다. 인터뷰는 상대의 허락을 받고 녹취해야 하고, 가볍게 타이핑을 하거나 메모한다. 인터뷰한 내용은 가급적 그날 녹취를 풀어놓고 내용을 요약 정리한다. 충분한 대화가 될 수 있도록 인터뷰이에게 생각할 시간을 주어야 한다. 그러니 인터뷰지는 인터뷰하기 일주일 전, 아무리 늦어도 최소 2~3일 전에 전달하는 것이 좋다.

인터뷰 방식은 1:1 인터뷰를 선호하는 편이다. 가끔 일정이 되지 않을 때, 2인 이상이 들어와 공동 인터뷰를 진행하는 경우도 있다. 이땐 각자의 솔직한 이야기를 끌어내기가 어렵다. 취재원에 대한 '비밀 보장'을 약속한다. 나는 그들과 이해관계가 없다. 외부인으로 아무런 영향력도 행사하지 못한다. 그러다 보니 그들은 내부의 정치적 상황이나 어려운 문제들을 토로할 때가 많다. 이런 이야기는 누군가가 있으면 말하기 어렵다. 같은 이해관계로 충돌하는 사람들끼리 있거나 혹은 같은 부서라 해도 조직 내 동료들이 지켜보는 앞에서 말하기는 쉽지 않다.

그래서 피상적 대화를 넘어 깊이 있는 대화를 나누고자 한다면 1:1 인터뷰를 하는 게 낫다. 집단 인터뷰에선 상대의 표정과 반응에 영향을 받아 거짓을 이야기하기도, 눈치를 보기도 하기 때문이다.

인터뷰 장소에 들어가서 가장 먼저 하는 건 자리 선택이다. 그래서 인터뷰 장소가 미리 공지될 때에는 내가 먼저 도착하는 게 유리하다. 내가 인터뷰를 진행하기 편하고 유리한 자리에 앉는 게 중요하다.

나는 주변 상황을 살펴보기 좋은 곳에 앉아야 하고, 상대는 나에게만 집중할 수 있도록 시선이 차단된 곳에 앉게 유도한다. 그래서 난 출입문을 바라보고 앉는 편이다. 인터뷰이가 외부 공간의 변화나 사람들이 오고가는 번잡스러운 움직임을 계속 신경 쓴다면 대화에 집중하기 어렵기 때문이다.

인터뷰가 끝나고 나가는 그 사람의 뒷모습까지 놓치

지 않는다. 크게 단서가 나올 때는 많지 않지만, 나가면서 갑자기 울리는 전화 통화 내용까지도 필요하면 기록해둔다.

그라이스의 '대화의 격률'

언어학과 사회과학 일반에서 종종 언급되는 원칙이다. 효과적인 커뮤니케이션을 위해 말하는 사람과 듣는 사람이 서로 지키면 좋을 원칙으로, 언어 철학자 폴 그라이스Paul Grice가 제안했다. 알아두고 새기면 대화의 수준을 올릴 수 있고 어디 가서 써먹을 수도 있으니 새겨두자. 이런 학문적 설명이 눈에 들어오지 않으면 다음 장으로 넘어가도 좋다.

대화의 격률Maxim of Conversation은 크게 네 가지로 정의된다(직역하지 않고 편하게 요약 의역했음을 밝힌다).

Maxim of Conversation

1. **질의 격률 Maxim of Quality**

   최고 격률 : 진실을 말하라.

   하위 격률 : 거짓이라 믿는 것은 말하지 말라.

   　　　　　　적절한 증거가 없는 것은 말하지 말라.

2. **양의 격률 Maxim of Quantity**

   (현 대화 목적에) 요구되는 만큼의 정보만 제공하라.

   필요 이상의 많은 정보를 주지 마라.

3. **관계의 격률 Maxim of Relation**

   관련성 있는 말을 하라.

4. **방법의 격률 Maxim of Manner**

   최고 격률 : 명쾌하게 말하라.

   하위 격률 : 모호한 표현을 피하라.

   　　　　　　중의성을 피하라.

   　　　　　　간결하게 말하라.

   　　　　　　논리정연하게 말하라.

정신적 사건은 수동적으로 발생된 것이 아니다.
그것은 주체의 (적극적)행위이다.

— 헤르만 에빙하우스(Hermann Ebbinghaus)

作, 표현 학습법

배워야 할 것이 너무나 많다. 과거의 무수한 지식도, 새롭게 만들어지는 지식도 배워야 한다. 언제 그 많은 것을 다 읽고 공부하나 싶어 한숨이 절로 나온다. 공부를 하고 시간이 훌쩍 지나면 1년 전에 봤던 책도 언제 읽었나 싶고, 분명 열심히 공부했는데 그 개념이나 사례가 명확히 떠오르지 않을 때가 허다하다. 당장 인용할 지식이 생각났는데 그게 어떤 아티클이나 책에서 본 것인지 기억을 못 할 때도 많다.

그래서 기록하기 시작했다. 그리고 기록물에 대한 의존도를 줄이려 시작한 습관이 표현이었다. 표현은 또 다른 의미에서 '지식을 공유하는 행위'다.

무언가 공부하고 나면 그 내용을 문서를 만들 때나 회의 때 반드시 써먹을 수 있도록 고민한다. 동료들에게 내가 공부한 내용을 알려주고 그에 대한 반응을 들어본다. 같이 적용 사례를 만들어본다.

공부한 내용을 친구나 동료들에게 설명하라는 건 잘

난 척하라는 게 아니다. 어디까지나 지식을 공유하는 긍정적 행위다. 잘난 척하는 사람들의 이야기는 나 역시 듣기 싫어진다. 인지상정이다. 동료와 무언가 공유하면, 함께 알아간다는 즐거운 기분이 들고 동지애 같은 게 생긴다. 내 동료들도 같은 마음이었을 것이다. 분명 그랬을 거라 믿는다.

기억은 기획의 바탕이 된다 :
에빙하우스 망각곡선

기억이란 경험한 내용물이 여운처럼 남아 있는 것이다. 학문적으로는 '기억흔적Memory Trace'이라 한다. 기억흔적은 시간이 지나면서 희미해지며, 변형되고 편집되기도 한다.

독일의 심리학자 헤르만 에빙하우스Hermann Ebbinghaus는 기억흔적이 얼마나 오래 지속되는지, 망각을 일으키는 것이 무엇인지 연구했다. 그는 단어가 지닌 의미의 영향을 배제하기 위해 'DAX', 'BUP', 'LOC'과 같은 무의미한 음절Syllable 목록을 만들어 실험했다. 실험에 참여한 사람들은 이 목록을 순서대로 기억해야 했다. 에빙하우스는 기억에 소요되는 시간을 측정했는데, 이를 통해 우리가 '망각곡선Ebbinghaus Forgetting Curve'이라 부르는 그래프가 등장하게 된다. 이 그래프는 새로 배운 지식을 반복학습하지 않는 한 그 기억이 절반 이하로 줄어드는 것을 보여준다.

많은 교육 전문 기업이나 교육계에서 인용하는 에빙하우스의 가설 가운데 하나는, '능동적 상기에 기반한 반복학습Repetition based on active recall'으로 기억을 증대시킬 수 있다는 것이다. 어려운 표현이지만, 하나씩 살펴보자.

'상기Recall'는 '다시re 불러온다call'는 의미이다. 과거에 기억했던 무언가를 떠올리는 능력이다. 이 개념은 일반적으로 브랜드 인지도Awareness 평가에도 적용된다. 카테고리만 제시한 후 몇 명의 소비자가 그 브랜드를 떠올리는지 평가하는 것이다. "아파트 하면 떠오르는 브랜드는?"이라는 질문을 듣고 열 명 중 아홉 명이 "래미안"이라고 대답했다면, 래미안 브랜드 상기도는 90퍼센트가 된다.

'능동적 상기Active Recall'는 이와 유사한 개념으로 '수동적 리뷰Passive Review'에 반대되는 개념이다. 수동적 리뷰가 '읽기', '보기' 등 수동적으로 학습하는 행위를 의미한다면, '능동적 상기'는 "대한민국 19대 대통령은 누구인가?"라는 질문에 답하는 것처럼 능동적으로 학습 내용을 상기시키는 것이다. 에빙하우스는 이런 능동적 상기를 반복할 때 기억력을 증진시킬 수 있다고 주장했다.

쉽게 말하면, 적극적으로 자기가 공부한 내용을 표현하고 반복적으로 그 지식을 활용하면 기억에 오래 남는다는 말과 같다. 생각해보니, 에빙하우스의 망각곡선이

에빙하우스 망각곡선

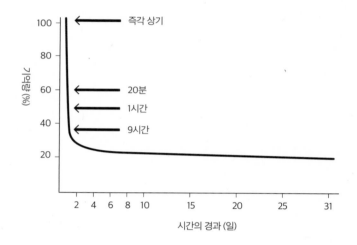

1885년 에빙하우스는 '망각곡선'을 구상하기 위해 데이터를 수집했다. 이후 학자들이 지수 곡선의 형태로 망각의 정도를 측정해왔다. 실험에 따라 다양한 형태로 각색되는 '에빙하우스 망각곡선'은 최초의 학습 이후 지식이 급격히 기억에서 사라지고 일정 기간 이후 매우 적은 양의 기억만 남는다는 것을 보여준다.

*도표 인용: Stahl SM, Davis RL, Kim D, et al., "Play it Again : The Master Psychopharmacology Program as an Example of Interval Learning in Bite-Sized Portions", 《CNS Spectrums》, Cambridge University Press, August 2010, p.359.

라는 개념을 전혀 몰랐던 때에도 난 '능동적 상기'의 방법
으로 공부해왔다.

입 밖으로 꺼내라

고1 때, 친구들과 서클을 하나 만들었다. 나는 그 이름을 'LPG Logic Power Group'라고 지었다. 지금 들으면 얼굴이 화끈거리는 이름이지만, 당시엔 아무렴 어떤가 했다. LPG 모임은 방과 후나 토요일에 가졌다. 저마다 자신 있는 과목들을 하나씩 맡아 배운 내용을 서로 가르치고, 각자 시험문제를 만들어 주기적으로 풀어보고 설명하고 토론하는모임이었다. 이 모임의 특징은 그날 배운 건 그날 써먹는다는 것이었다.

당시는 당구를 처음 배우게 되어 천장만 보면 스리쿠션이 왔다 갔다 하던 때였다. 우린 그런 일상적 경험까지도 학습에 활용했다.

당구장을 처음 다녀온 날, 나는 스리쿠션을 머릿속에서 계속 그렸다. 당구공은 머릿속을 떠나지 않았다. 며칠을 당구에 대한 상사병에 시달리다 물리학 문제를 만들었다. 당구공의 궤적상 두 번째 쿠션 구간에서의 가속도를 측정하는 문제였던 걸로 기억한다. 내가 문제를 내면 친구들이 풀고 답을 맞혔다. 또 어떨 때는 문제의 허점을 서로 이야기하며 보완하기도 했다. 당장 배운 내용은 바로 적용해서 문제를 만들거나, 기억에서 잊히기 전에 문제에 적용했다.

지나고 보니 그런 모든 습관들이 성적을 많이 올려준 것 같다. 수업시간에 배운 개념들을 상기시키고, 반복적으로 표현하고, 서로에게 설명하는 과정에서 우리는 이중삼중의 반복 표현 학습을 하게 된다. 지금도 나는 그렇게 공부하는 편이다.

고등학교 3년 내내 쉬는 시간에 국/영/수/과 등을 나에게 질문하는 친구들이 많았다. 처음엔 친구에 대한 '봉사', '나눔' 정도로만 생각했다. 하지만 점점 질문이 반갑고 즐거워졌다. 질문에 답하며 가르쳐줄수록 나 역시 다시 한 번 기억을 떠올리게 되고, 개념 정리가 더 명확해지는 걸 느꼈기 때문이다. 이런 습관은 지금도 여전하다. 나는 누군가에게 가르쳐주는 것을 즐거워한다.

기업과 공공/사설 교육기관 등에서 브랜드 강의를 시

작한 지 9년 정도가 됐다. 관성적으로 가르치다 보면 스스로 업그레이드되기 어렵다. 새로운 깊이를 찾아야 한다. 공부를 멈추지 말아야 한다. 그래서 가급적 강의록도 1~2년이 지나면 바꾼다. 새로 업데이트가 되지 않으면 강의를 더 이상 하지 않는 편이다.

강의할 때 질의응답 시간은 매우 기다려지는 시간이다. 물론 질문이 많을 때도 있고, 아예 없을 때도 있다. 모든 것을 다 속 시원하게 대답해주지는 못하지만, 함께 고민하며 내가 아는 모든 지식을 동원하면서 반복적으로 재구성하게 된다. 명확히 답하지 못한 질문은 돌아와서 다시 고민해보고 답을 찾아본다. 그리고 새로 깨닫게 된 것들은 회사 동료들에게 이야기해준다. 강의를 들었던 수강생의 명함이나 연락처를 갖고 있을 때엔 이메일로 답변을 보낼 때도 있다. 물론, 제대로 된 질문에 한해서다.

무언가를 배우면 일단 동료에게 바로 써먹어보자.

"이런 게 있대. 이게 뭐냐면…", "○○○모델이 있는데, 이 모델을 사용하면 효과적으로 분석할 수 있어", "○○○라는 개념에 비추어 해석해보면 기존의 브랜드에 대한 해석은 다소 문제가 있는 것 같아"…

가끔은 집에 와서 하루 일과가 어땠냐고 묻는 아내에

게, 오늘 공부한 인상 깊은 내용을 이야기할 때도 있다. 새로 알게 된 개념이나 지식을 알려줄 때도 있다. 잊지 않으려면 까먹기 전에 한 번이라도 입 밖으로 표현하는 게 중요하다.

나와 내 동료들은 브랜드를 연구하고 분석하고 만든다. 디자이너를 제외하고는 대부분 인문학을 전공한 사람들이 모여 있다. 우린 서로 이런 저런 말하기를 매우 좋아하는 사람들이다. 자기가 느낀 것, 최근에 공부한 것, 예전에 공부했던 것들을 서로 말하며 나눌 뿐만 아니라 공부에 대한 진지한 태도 역시 함께 만들어간다. 서로가 서로를 가르치면서, 서로의 능력이 향상됨을 느낀다.

후배들은 브랜더로서 갖추어야 할 전략적 지식과 크리에이티브에 대한 시험을 본다. 제출된 답안지는 1. 설명력이 충분한가 2. 지식을 제대로 활용한 것인가 하는 두 가지 기준으로 평가된다. 둘은 다른 능력 같지만 결국 '표현'에 대한 것이다.

전문가가 되려면 단지 많이 읽고 '들어본 것'만으로 그쳐서는 안 된다. 제대로 된 설명을 할 수 있어야 한다. 내가 동료들에게 누누이 하는 말이 있다.

"들어서 아는 것은 아는 것이 아니다. 스스로 설명할

수 있어야 한다."

학부 수업을 듣다가 철학 교수 앞에서 비트겐슈타인을 좀 읽었다고 거들먹거린 적이 있었다. 한심한 처사였다. 수업 내용은 이미 내가 읽고 들어본, 그래서 안다고 착각하고 있는 내용이었다. 자아가 강했던 나는 자만심이 생겼고, 자만심이 생기자마자 그 내용이 철학사의 어떤 맥락에 있는지 설명하는 교수의 강의가 귀에 들어오지 않았다. 그 교수의 수업은 내 머릿속에 전혀 남아 있지 않다. 난 자만심으로 애꿎은 시간만 버린 셈이다.

'들어본 적 있다'는 건 '알고 있는 것'과 다르다. '들어본 적 있는 것'은 '내 지식'이 아니다. 진짜 내 지식이 되려면, '말할 수 있는 것'이어야 한다. 무언가에 대해 설명할 수 있어야 한다. 자기다운 방식으로 설명할 수 있다면 금상첨화다. 자기 관점과 자기 목소리로 무언가를 설명할 수 있다면, 기획자의 자질을 충분히 갖춘 셈이다.

기획의 절반은 '학습'이지만, 학습을 완성시키고 오래 유지시키는 또 다른 절반은 '표현'임을 잊지 말자. 배우고 때때로 표현하니 또한 기쁘지 아니한가?

자기 생각을 서로 나눌 수 있는 모임이 필요하다.

텍스트를 삼키는 법

누군가를 평가할 때 제대로 공부했는지 안 했는지 구별하는 나름의 기준이 있는데, 그중 하나가 '발제發題'다. 발제는 학회나 토론을 할 때 책의 특정 챕터나 특정 주제를 맡아 공부하고 연구한 내용을 정리해 문제를 제기하는 것이다.

책 한 권을 읽더라도 발제를 하고 안 하고는 엄청 큰 차이이다. 발제는 읽고 공부한 텍스트에 대한 성실한 표현이자 해석이다. 또한 성실함을 넘어 자기 주관성을 담은 문제제기이기도 하다.

후배들 중 적지 않은 친구들이 '발제'를 한 번도 해본 적 없다는 이야기를 해서 놀란 적이 있다. 친구들과 자발적 스터디를 하건 선생님이 시키건 한 번쯤은 발제라는 걸 해봤던 세대로서는 지금의 교육환경이 매우 낯설었다. 해보지 않았다면 지금부터라도 한번 해보자. 절대 손해 보지 않는다.

먼저 스터디를 조직해야 한다. 스터디는 진지하게 공부하고 토론할 수 있는 사람끼리 모여야 한다. 성실하고, 글을 쓰는 데 부담을 느끼지 않는 사람들로 구성하는 게 낫다.

경험상 스터디는 최소 3인 이상이 효과적이다. 난 두 명, 세 명, 네 명, 일곱 명, 아홉 명, 열두 명 등 다양한 인원으로 스터디를 조직해봤는데, 두 명이서 할 경우 둘과의 대화를 협의해줄 사람이 없다. 이 경우 지식에 대한 내공이 큰 것으로 '보이는' 사람 위주로 일방적 대화가 될 가능성이 많고, 둘 사이의 관계는 토론이 아니라 가르침으로 흘러갈 공산이 크다.

물론 많이 알면 가르쳐주는 게 당연하다. 모르면 배워야 한다. 토론회에 참여한다고 해서 무조건 동등하게 토론해야 한다는 잘못된 강박은 버려라. 모르면 무조건 '무릎을 꿇고' 배워야 한다. 낙타와 같이!

특정 분야의 구루Guru '권위자'를 나타내는 표현으로 통상 번역하지 않고 '구루'라고 읽는다들이 저술한 책을 스터디할 때, 챕터별 담당을 나눈다. 보통 스터디할 때는 그 분야에 대해 가장 많이 아는 친구가 맨 첫 발제를 맡는 것이 좋다. 책 전체의 흐름과

독해의 방향을 잡아줄 수 있기 때문이다.

특정 텍스트를 발제한다고 할 때, 발제는 해당 챕터가 담고 있는 내용의 개요, 주요 내용, 해당 분야에서 그 내용이 위치한 맥락이나 비중 등을 논하고, 행간의 의미도 파악할 수 있으면 좋다. 그리고 그 챕터에 있는 내용을 중심으로 우리 주변의 실제 상황에 대입해본다. 그런 과정까지 발제에 담을 수 있다면, 그 텍스트가 지닌 한계점도 생각해보고 저자가 텍스트에서 의도하는 의미나 지향점에 대해 문제제기해본다. 그리고 이는 발제가 끝난 후 함께 토론 사항에 부친다.

물론, 모든 텍스트를 이런 식으로 깊게 공부할 수는 없다. 텍스트 자체가 매우 얄팍할 경우엔 이런 깊이로 공부할 필요가 없다. 이런 발제 방식은 특정 분야의 바이블에 해당한다. 혹은 그런 바이블에 대한 후속 연구들일 수도 있다.

중요한 건 저자의 생각과 해당 분야 전문가들의 생각, 그리고 나의 생각을 명확히 구분해서 기술하는 것이다. 내 생각의 지점이 정확히 어디에 있는지 알아야 한다. 그런 훈련이 되어 있지 않으면 남의 생각을 내 생각인 양, 전문가들의 생각을 내가 한 생각인양 착각하게 된다. 생각의 차이를 알아차리는 것은 발제의 기본이다.

발제문은 가급적 글로 쓰는 게 좋다고 생각한다. 그것도 단답형이나 요약형 문장이 아니라 제대로 완성된 문장으로 쓰는 게 좋다. 경영학이나 브랜드, 디자인 등 실용 학문의 경우 스터디를 하다 보면 파워포인트로 해당 내용을 요약하는 수준에서 발표하는 경우가 태반이다. 그러나 자기 생각을 정리하고 명확화하는 데에는 제대로 완성된 글만큼 좋은 건 없다. 요약문은 단순히 지식을 나열하기만 해도 완성할 수 있지만 논리의 흐름과 지식의 관계를 보기가 쉽지 않다. 반면 완성형의 글을 쓰면 지식과 지식의 관계, 그리고 논리의 흐름을 기술하게 되어 생각이 더욱 분명해진다. 그래서 발제는 '도표'나 '도식', '요약문'이 아니라, 한 편의 완성된 글쓰기 형식을 취하는 것이 좋다.

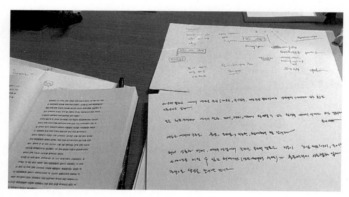

발제를 해야 할 텍스트는 다시 읽으면서 정리해본다.

글쓰기의 영도 $^{0°}$

'영도 零度, Zero Degree, 0°'는 말 그대로 영상과 영하를 가르는 기점이다. 또한 각도로 따지면, 왼쪽이든 오른쪽이든 위든 아래든 기울어지지 않은 가장 균형 잡힌 상태다.

모든 글의 기준점이 되면서 어느 쪽에도 기울어지지 않은 균형 잡힌 글이 있을까. 참고할 만한 훌륭한 글들은 많이 있으나, 모든 글의 영도가 될 만한 그런 글은 없는 것 같다. 어느 날 정조가 되살아나 현대판 문체반정 文體反正 정통고문(正統古文)을 문장의 모범으로 삼아 문체를 되돌리려 한 운동을 일으키려는 것이 아니라면, 영도의 글쓰기를 외부에서 찾는 건 내 생각엔 어리석은 일이다.

영도는 기준점이자 시작점이다. 모든 사물과 사태는 떼어놓고 보면 저마다의 영도에 있다. 다른 사물과 사태와의 비교를 통해서만 자신이 얼마나 기울어져 있는지, 얼마나 높고 낮은 온도에 있는지 알 수 있는 것이다.

글쓰기 또한 그러하다. 다른 사람들의 글을 많이 읽다 보면 나의 글과 어느 정도 온도차가 나는지, 어느 정도 기울기가 다른지 알게 된다. 대부분의 사람들은 이미 어느 정도 인정 받은 글쓰기를 영도에 맞춰두고 자기 글쓰기를 평가한다. 그러다 보면 자기 글은 어느새 다른 글쓰기를 따라가게 된다.

글을 연습하는 단계에서는 필연적일지 모르나, 자기 생각을 자유롭게 펼칠 자기만의 글쓰기를 하려 한다면, 자기 글을 주변에 맞춰가는 태도는 바람직하지 않다. 어느 정도의 내공이 쌓인 후 글쓰기의 영도를 자기 글에 두어야 한다.

많은 이들이 글을 잘 쓰고 싶어 한다. 그 욕망은 정확히 출판 시장의 욕망과 비례한다. 시중에는 끊임없이(!) 글쓰기에 대한 책들이 출간되고 있다. 유명 작가의 책부터 대학 교재로 활용돼온 책들까지 다양하다. 하지만 대부분 엇비슷한 내용들을 제시할 뿐, 독창적 설명이나 구성을 찾아보기 힘들다. 문장기법을 이야기하는 책들이 태반이고 글쓰기를 '문장 연습' 정도로 간주하고 있어 공허하다.

　모든 책들이 공통적으로 이야기하는, 모든 책들이 인용하는 클리셰Cliche 상투적 표현가 있으니, '다독多讀', '다작多作', '다상량多商量'이라는 천하무적 공식이다. 책을 많이 읽고, 글을 많이 써보고, 많이 헤아리란 이야기다. 너무나 맞는 말이다. 당연히 그렇게 하면 글쓰기는 늘게 되어 있다. 하지만 대부분이 힘들어하는 건 많이 읽을 수 없기 때문이고, 많이 써볼 수 없기 때문이다. 그리고 많이 헤아리며 살기에 노동은 너무나 팍팍하고, 버텨야 할 생生의 중력은 너무나 무겁다. 난 그런 글쓰기 책들은 잘 펴보지 않는다. 설령 시간이 남아서 한 권을 정독한다 해도 내 글쓰기에 별 영향을 주지 않는다.

　난 나의 글이 남들에 비해 얼마나 높고 낮은지, 얼마나 기울어져 있는지 살피지 않는다. 나의 글은 언제나 영도에 있다. 내가 글을 잘 쓰기 때문이 아니다. 내 생각을 가장 잘 표현할 수 있는 글쓰기가 바로 내 글쓰기이기 때문이다.

　때론 내 글이 누군가의 글과 비교할 때 마이너스 7도여서 매우 어렵다 해도 상관없다. 내 생각과 태도가 잘 표현되는 글이 마이너스 200도라 하더라도 내 생각을 전달하고 논의하는 데 하자가 없다면, 난 글의 온도와 각도를

수정하지 않는다. 문체, 단어, 개념의 난이도, 편집술 등을
수정할 생각이 없다. 이렇게 생각하면 마음이 편해지고, 글
이 쉽게 써진다.

문제는 글쓰기 자체에 있는 것이 아니라, 글이 담아낼
나다운 생각이 있느냐 없느냐 하는 것이다.

글은 일단 쓰고 본다 : SNS 글쓰기

남의 글과 비교해서 나의 글을 '마이너스 몇 도'(내용이 너무 가벼운가, 문장에 멋이 없나, 읽기가 힘든가…), '플러스 몇 도'(너무 어려운가, 미사여구가 많은가, 문장이 긴가…)로 평가하지 말고 지금 나의 글 상태를 '영도'로 놓고 시작하자. 글쓰기에 대한 부담감을 버려라. 남들보다 멋진 글을 쓰려는 집착만 버리면 된다. 글쓰기는 나를 누르는 억만 근의 중력도 아니고, 내 하루 일과를 계속 신경 쓰게 만드는 콧등 위 뾰루지도 아니다. 글쓰기는 그저 내 생각을 표현하는 것일 뿐이다.

예전에 난 논문에서나 볼 법한 학문적인 글쓰기에만 익숙해 있었다. 그리고 각주나 참고문헌이 없는 글은 아예 읽지도 않았다. 왠지 깊이가 없어 보였다. 형식이라는 편견에 사로잡혀 본질을 보지 못할 때였다. 인용부호가

들어가지 않으면 제대로 된 글이 아니라 생각했을 만큼 글 한 편을 쓰려면 엄청나게 많은 책을 읽고 공부해야 한다고 생각했다. 그래서 내 글은 무척 어려웠고 글을 쓰는 게 엄청 부담스러웠다. 20대 시절 내가 쓴 글들은 지금 내가 읽어도 집중하고 읽어야만 한 호흡으로 읽을 수 있는 어려운 것들이 태반이다.

그러던 어느 날 모든 부담이 사라지고 내 손가락은 방언 터지듯 이런저런 말들을 남겨댔다. 인터넷 카페 덕분이었다. 한 포털에서 '기호학 카페'를 운영하며 카페지기랍시고 맞는지 틀리는지도 모를 말들을 마구 쏟아냈다. 졸업 직전에는 과 학우들이 보는 '잡기장雜記帳'에 〈한겨레21〉을 패러디한 '한겨레23'을 연재했다. 술을 안 사주는 선배들을 진보적 톤앤매너로 비판하는 우스꽝스런 글들이었다. 써본 글이 반응이 좋자 10여 차례 연재했던 기억이 난다.

과거의 잡기장은 SNS라는 큰 장으로 흡수된 것 같다. 잡기장에서나 찾아볼 수 있었던 긴밀한 유대감은 각자의 몫으로 남았지만 말이다. SNS에는 사회적으로 문제가 될 발언만 아니라면, 가급적 제약을 두지 않고 적는다. 장난스러운 글부터 특정 기념일에 올리는 진지한 글까지 편하게 내 생각을 적다 보니 글에 대한 부담감은 어느덧 사라졌다.

올린 글 가운데 '좋아요'가 많이 눌리고 생각보다 많이 공유된 글을 찬찬히 뜯어보면, 문장력이 미려하거나 무릎을 탁 치는 기발한 생각이 있어서가 아닌 것 같다. 그냥 편하게 생각을 적어내린 글, 일상을 사는 동시대인으로서의 느낌을 담담하게 적은 글, 그런 글들이 좋게 평가됐다. 그렇게 '좋아요'와 공유가 늘어나면 글쓰기에 대한 자신이 생긴다. 자신감은 글쓰기를 위한 좋은 원동력이다.

지금은 익명의 다수에게 내 글을 쉽게 내보낼 수 있는 시대다. 자기 글에 대한 피드백을 실시간으로 받을 수 있다. 우리는 언제 어디서든 모바일만 있으면 글을 쓸 수가 있다. 머리에 떠오르는 생각, 느낌, 감정 등은 바로바로 스마트폰에 메모해둔다. 그 메모들이 모여 하나의 흐름을 이룰 때까지. 그렇게 모인 메모들에 나름의 위계와 질서를 부여한다. 메모는 정렬되고 재배치된다. 단편들은 좀 더 긴 단편이 된다. 글은 그렇게 만들어진다.

가급적 모든 글은 마침표로 끝나는 완성된 문장으로 적는다. 문장으로 완성하는 습관을 들이지 않으면, 글은 절대 늘지 않는다. 문장으로 완성해야만 문장들 간의 논리나 위계를 설계하고 그러한 위계의 흐름 속에서 관점의 기획이 등장하기 때문이다.

글은 일단 쓰고 본다. 비밀글이 아니라면, 읽을 사람이 있는 곳에 써본다. SNS는 특히 독자의 반응을 볼 수 있는 매우 개방적이고 효율적인 공간이다. 이곳에서는 글로 화두를 던지면서 온라인 인맥들과 댓글 토론을 할 수도 있다. 하나의 주제에 대한 다양한 관점과 이해를 엿볼 수 있어 이 역시 매력이다.

Gedanken ohne Inhalt sind leer,
Anschauungen ohne Begriffe sind blind.

내용 없는 사유는 공허하고,
개념 없는 직관은 맹목적이다.

크리에이티브 없는 전략은 공허하고,
전략 없는 크리에이티브는 맹목적이다.

PART 3

기획자의
생각습관

때론 생각을 멈추고 포기해야
생각이 날 때가 많습니다.

생각의 두 관점

서양의 지성들은 근대 철학을 연 선구자로 르네 데카르트 Rene Descartes를 지목한다. 데카르트는 모든 믿음과 사상, 물질을 회의와 의심의 대상으로 삼았다. 그는 인간이 알고 있는 모든 지식 체계, 심지어 수학 명제 같은 보편적 진리도 악마의 꾀임에 빠져 현혹된 결과일 수 있다며 의심했다. 단, '모든 것을 의심하고 있는 나 자신'의 존재는 의심할 수 없다는 결론을 낸다. 그는 이 의심할 수 없는 명제를 철학의 제 1 원리로 삼는다. 그 유명한 '코기토 에르고 숨 Cogito, ergo sum 나는 생각한다. 고로 존재한다'이다.

'cogito'는 '나는 생각한다 think'라는 의미로 'cogit-'이라는 어간에 1인칭 단수 접미사 '-o'를 결합한 단어다. 무언가를 의심하고 있는 '나의 생각'은 '생각하는 나'의 존재를 전제하므로, 내 존재 자체를 의심할 수 없다는 것이다. 지성사에서는 이 명제를 '코기토'로 줄여 부른다. 참된 진리로 나아가려면 '코기토'에서부터 시작해야 한다는 것이다.

코기토는 철저히 이성을 내세우며 경험의 힘을 무시

해왔다. 그렇게 힘을 배양한 이성은 오늘날 인공지능에 이르기까지 자기증식을 거듭하고 있다.

난 이러한 '이성'의 역사를 무조건 찬미하지 않는다. 강력한 이성의 권력(합리주의) 앞에서 조용히 숨죽이지만은 않았던 '경험'과 '직관'의 역사(경험주의)도 있는 것이다.

경험의 역사는 영국적 시선과 유물론적 관점, 포스트모던적 시선으로도 이어지고, 기획자들의 많은 고정관념으로도 이어졌다. '무조건 많이 봐야 한다'든가, '책으로 읽는 것보단 해외에 직접 가서 보는 게 좋다'는 식의 관점이다. 물론 맞는 말이다. 백문이 불여일견인 것이다. 그러나 아프리카에서 비참히 죽어가는 아이들을 꼭 직접 봐야만 그들의 고통을 체감하고 문제를 해결할 수 있는 것은 아니다.

대륙의 합리주의Rationalism와 영국의 경험주의Empiricism적 전통을 이야기하는 게 다소 생경해 보일지 모른다. 하지만 이는 기획을 바라보는 두 가지 태도와 정확히 부합하는 매우 적절한 이야기다.

크리에이터 vs 전략가 :
코기토에서 코기타무스로

기획자들의 성향을 세부적으로 나눠보자면 한도 끝도 없겠으나, 크게 두 부류가 있는 것 같다. 최신 트렌드, 유행어 등을 빠삭하게 놓치지 않으며 케이스 스터디와 감각적 경험을 중시하는 '크리에이터Creator' 유형이 있으며(업계에서는 보통 기획자를 '크리에이터'라는 그룹으로 분류하기도 한다), 전략적 논리Logic와 인과관계를 중시하는 '전략가Strategist' 유형이 그것이다. 업계에서는 흔히 전략가 유형과 크리에이터 유형간의 보이지 않는 힘겨루기가 관찰된다.

조직에 따라 다르겠지만, 이 둘은 잘 조화를 이루지 못하고 서로 가치 절하하기에 정신이 없다. 크리에이터의 시선에서 전략가는 책상에 앉아 이론적 공상만 하는 고지식하고 비현실적인 사람일 수 있고, 전략가의 시선에서 크리에이터를 바라보면 표면적 현상에만 휘둘리는 매우 나이브naive하고 체계적이지 못한, 임기응변에 강한 사람일 수 있다. 이러한 두 인식은 모두 적절한 동시에 적절하지 못하다.

독일의 철학자 칸트Immanuel Kant는 영국의 경험주의와 대륙의 합리주의를 종합적으로 비판했는데, 《순수이성비판Kritik der reinen Vernunft》에 나오는 다음 문구는 매우 유명하다.

Gedanken ohne Inhalt sind leer,
Anschauungen ohne Begriffe sind blind.

내용 없는 사유는 공허하고,
개념 없는 직관은 맹목적이다.

대륙의 합리주의는 '인식하는 주체'를 강조했고, 영국의 경험주의는 '인식되는 대상'을 강조했다. 합리주의는 대상에 대한 인식을 정신 활동의 결과로 봤지만, 경험주의는 사물로부터 전해진 감각소여感覺所與, Sense Data 감각에 주어진 바에 대한 경험이 곧 인식이라고 여겼다. 이에 대해 칸트는 합리주의를 '내용 없는 사유'로, 경험주의를 '개념 없는 직관'으로 비판했던 것이다.

여기서 '합리주의'를 '전략가'로, '경험주의'를 '크리에이터'로 바꾸어 읽어도 그 맥락이 유효하다.

'크리에이티브 없는 전략'은 공허하고, '전략을 결여한 크리에이티브'는 맹목적인 것이다. 어느 한 쪽에 치우친 기획은 균형감을 상실하고 문제를 정확히 정의하거나 해결하기 어려워진다. 전략적 판단(전략 논리)과 적절한 경험적 증명(케이스 스터디)이 조화를 이뤄야 하는 이유다.

두 가지를 동시에 다 해내려면 많은 노력이 필요하다. 내 경우 두 가지를 다 잘하는 편은 아니다. 나는 수많은 경험적 데이터와 유행에 밝지 못하다. 하지만 내겐 동료들이 있다. 그들은 언제나 내 부족한 부분을 채운다. 나 역시 그들에게 없는 부분을 채워간다. 서로가 서로의 부족한 점을 채워가면서 우리는 성장해간다.

데카르트는 '생각하는 나'를 이야기했지만, 나는 '생각하는 우리'를 이야기한다. 그래서 나는 이렇게 말한다.

'코기타무스, 에르고 수무스Cogitamus, ergo sumus [8].'
'우리는 생각한다. 고로 우리는 존재한다.'

8　'-mus'는 1인칭 복수형 접미사다.

발상의 힘

기가 막힌 아이디어를 보게 될 때 사람들은 감동하고 그 아이디어를 함께 즐기게 된다. 기획자 역시 그러하다. 다만 기획자는 한 가지를 더 고민한다.

'저런 생각을 대체 어떻게 한 거지?'

그런 생각을 하지 못한 자신을 원망할 때도 있다. 그리고 '저거 예전에 내가 생각했던 건데' 하며 스스로를 위로할 때도 있다. 하지만, '하지만 난 생각만 하고 실행하지 못했잖아' 하며 이내 스스로를 질책한다.

기획자의 생활은 다소 피곤하다. 남들이 고민하지 않는 것을 고민해야 하고, 그 고민을 다른 방식으로 보여줘야 한다. 아무리 전략적 논리가 탄탄하고 케이스 스터디를 차근차근 했다 해도, 마지막에 보여주는 비즈니스 모델, 브랜드 네임, 디자인, 마케팅 프로그램, 광고 시안, 상품 아이디어 등이 시선을 끌지 못한다면 모든 게 수포로 돌아간다.

클라이언트들은 그 모든 것들이 '자기다움'과 '참신함'을 갖추길 바란다. 하지만 모든 기획자가 매일같이 참신한 것만 생산해내기는 어렵다. 기획자는 무거운 돌을 끌고 산 정상을 향하는 시시포스Σίσυφος, Sisyphos이다. 무거운 기획이라는 돌을 굴려 마침내 결과물을 만들어 프로젝트가 끝나면, 또 다시 정상에서 굴러 떨어진 그 돌을 끌고 새로운 프로젝트로 향하는 것이다.

그래서 이 사람들은 대부분 건강한 삶을 살지 못한다. 술과 담배는 기본이고, 수면 시간이 부족하다. 산 정상에 돌을 올려야 한다는 이유 외에는 다른 의미를 발견하지 못하는 기계적 삶을 사는 기획자들이 많다. 하지만, 진정한 기획자는 정신과 감성이 늘 깨어 있고 활기차다. 세상의 모든 의미를 파악하려는 듯 눈은 영롱하고 새로운 의미를 만들기 위해 동원할 수 있는 모든 감각을 다 활용한다.

새로운 기획을 내보이려면 세상을 언제나 낯선 존재로 인식하는 태도가 필요하다. 세상은 언제나 낯선 관찰 대상이다. 낯선 세계 속에서 모골毛骨은 모두 곤두서 있을 정도로 날카로울 때가 많다. 그렇게 긴장감 속에서 관찰하고 습득된 인식과 판단의 덩어리들은 새로운 발상을 위한 시작을 알린다.

세상은 의미로 가득 차 있다. 세상은 감상하고, 이해하고, 숨은 무언가를 파악하기 위한 대상이다. 기획자에게 세상은 언제나 익숙하면서 낯설다. 그것은 잡히는 듯 싶더니 어느새 빠져나간 물고기와 같다.

이탈리아의 디자이너 포르나세티Piero Fornasetti전에 갔다
가 어떤 그림을 봤다. 나는 그 그림 앞에 한참을 서 있었
다. 잿빛으로 물든 손과 새빨간 물고기가 대비를 이룬다.
손은 물고기를 잡기 위해 수많은 노력을 했을 것이고 거
칠어져 있다. 마침내 그 손은 물고기를 매우 간단한 방식
으로 잡는 데 성공한다. 손은 어느새 물고기의 비늘과 닮
아 있다.

아래는 당시 이 그림을 보고 기록해두었던 감상평이다 :

Fish in the Hand

미끄러워 잡히지 않는 물고기처럼
사태의 본질은 쉽게 잡히지 않는다.
손 안의 물고기는
도달하기 어려운 통찰의 경지를
상징하는 듯하다.
두 손도 아니고 한 손으로.
그것도 전력을 다한 손이 아니라
무심한 듯, 자신 있는 손으로.

피사체의 포스처는

매우 미끄러운 물고기를

매우 간단히 잡았음을

보여주는데,

이는 화가의 자존심과 자긍심을 보여준다.

때론 오만으로까지 해석될 수도 있는. 그런.

그는 이렇게 말하는 듯하다.

"나처럼 해봐! 못하면 말고!"

저 손은 바로 기획자의 손이다. 세계를 기획하는 그는 자신만만하게 한 손으로 미끄러운 물고기를 잡는다. 하지만 기획자는 물고기를 잡은 데 만족하지 않는다. 이미 그의 시선은 또 다른 물고기를 잡기 위해 다른 곳을 향하고 있다.

"최고의 컨셉을 만드는
비법은 무엇인가요?"

관찰, 진단에서부터 결과물을 내놓는 프로젝트의 전 과정을 100으로 본다면, 난 그중 90퍼센트를 기획에 할애하는 편이다. 나머지 5퍼센트는 문서 작업, 5퍼센트는 동료들과의 리뷰 시간이다. 내가 했던 작업을 본 사람들은 종종 이런 질문을 한다.

"크리에이티브의 비결이 무엇인가요?"
"번뜩이는 아이디어를 만들려면 어떻게 해야 하나요?"
"최고의 컨셉을 만드는 비법은 무엇인가요?

이런 질문들은 언제나 난감하다. 하지만, 내가 공통적으로 이야기하는 게 있다. 바로 '스터디'다.

난 기획의 90퍼센트는 스터디라 생각한다. 프로젝트

마다 스터디의 범위는 매우 넓다. 1000만 원짜리 프로젝트라고 해서 1억짜리 프로젝트보다 스터디의 범위가 줄어들지 않는다. 종종 동료들은 ROI^{투자대비수익}가 나오지 않는다며 날 타이르지만, 결국 같은 강도의 노력이 들어간다. 한 선배는 나를 보며 "300만 원짜리든 3000만 원짜리든 프로젝트를 똑같은 강도로 진행한다"고 농을 던지기도 한다.

스터디는 문헌 연구, 인터뷰, 소비자 조사, 토론, 발제 등의 형식을 취한다. 먼저 프로젝트 의뢰인과 인터뷰를 하면서 비즈니스에 대한 전체적인 윤곽을 그려보는 작업이 필요한데, 인터뷰를 하려면 사전에 문헌 연구를 진행해야 한다. 문헌 연구는 뉴스, 논문, 책, 영상 자료, SNS 분석 등으로 진행한다. 그렇게 대략적인 사전 스터디를 한 후 인터뷰를 설계하고, 인터뷰를 마치면 인사이트를 정리한다. 부족한 부분은 소비자 간이 조사 및 정식 조사를 실시하여 파악한다.

소비자 조사에 대해선 늘 불만이다. '소비자 좌담회'나 온/오프라인 설문조사와 같은 지금의 소비자 조사 방식은 소비자에게 물어보고 직접 답을 듣는 형태다. 사람은 대답하는 상황에 영향을 받기 마련이어서, 진짜 자기 속

마음을 대답하지 않을 때도 많다. 그래서 지금의 소비자 설문조사는 진짜 소비자의 속마음을 파악하는 데 한계가 많다.[9] 앞에서 언급해온 관찰, 기록, 대화, 공부의 습관을 통해 보다 풍부하게, 종합적 관점을 수립하기 위한 해석력을 갖춰야 한다.

기업 프로젝트를 할 때 기본적으로 필요한 스터디의 범위는 대략 다음과 같다:

주제를 둘러싼 이해관계자(기업-주주-내부임직원-고객-정부-NGO…)

비즈니스가 움직이는 구조(비즈니스모델)

비즈니스의 역사

비즈니스가 공동체에 미치는 영향력

해당 비즈니스가 돈을 버는 구조(수익모델)

해당 비즈니스/브랜드를 대하는 사람들의 인식

해당 기업에 대한 인식, 평판, 지배/지분구조

---

9   이러한 소비자 인식 조사의 한계를 극복하고 심층 무의식과 같은 속마음을 파악하려는 시도가 많이 있었다. Zmet과 같은 은유추출기법부터, 인류학의 참여관찰법, 소비자의 뇌를 그대로 촬영하여 분석하는 기능적자기공명영상(fMRI) 등. 하지만 메타포 해석의 어려움, 단기간 적용 어려움, 막대한 비용 소요 및 사회인문학적 요인들을 배제하고 생물학적 원인으로 축소해버리는 환원주의적 태도 등으로 모두 최적의 방법이라고는 할 수 없다고 생각한다.

브랜드 자산, 네임, 디자인, 커뮤니케이션, 마케팅 관리 현황

사람들이 느끼는 심리적, 물리적 불편함

해당 분야 전문가들의 인식

프로젝트 규모나 범위, 정보 접근성에 따라 스터디할 수 있는 영역은 달라지지만, 무언가를 제대로 분석하기 위한 최소한이라고 생각해두자.

내 경우, 상황을 파악하기 위한 조사, 취재 등 스터디의 기틀이 잡힌 것은 신문사 생활 때문이었다. 기자처럼 일을 하면 훌륭한 기획자가 될 수 있다고 본다. 기자는 풍문을 기록하거나 제보를 받고 대상을 선정한다. 대상에 대한 사전 스터디와 취재를 통해 주제를 명확화하고 이에 대한 인식을 기록하는데, 기획기사는 공동체의 삶을 특정 방향으로 유도하기 위한 목적으로 기획된다(사실 위주로 보도하는 스트레이트 기사 역시 객관을 가장하고 있지만, 주관적 관점에 의해 기획/편집돼 있다).

기자처럼 일하자. 단, 제대로 된 기자처럼 일해야 한다.

'Why'라는 문제

'Why'라는 단어는 몸값이 계속 오르고 있다. 특히 기획에 있어 빼놓을 수 없는 단어가 돼버렸다. '왜' 일을 하는지, '왜' 그렇게 해야 하는지, '왜' 소비자들은 자신이 한 말과 하는 행동이 다른지, '왜' 마케팅을 제대로 하지 않는데도 소비자들이 알아서 마케팅을 해주고 있는지, '왜' 허술해 보이는 브랜드가 모든 것을 다 갖춘 브랜드보다 더 사랑받고 있는지, 대화를 하거나 책을 읽거나 회의를 할 때도 온통 '왜왜왜' 뿐이다.

'Why'를 전 세계적으로 유행시킨 건 사이먼 사이넥 Simon Sinek이라는 컨설턴트다. 그는 《스타트 위드 와이Start with Why》라는 책을 통해, 성공한 브랜드들은 업의 존재이유를 명확히 갖고 있다고 이야기했다. 그의 주장을 하나로 요약한 것이 바로 '골든 서클Golden Circle'이고, 이 단순한 모델은 삽시간에 전 세계에 유포돼 많은 브랜더와 마케터들이 인용하는 단골손님이 되어버렸다.

자기가 하는 일 자체에 '왜'를 질문하는 것은 자기의 존재이유를 묻는 것과 같다. 때론 업의 본질을 정의하는 문제와 일맥상통한다.

디즈니랜드는 '마법Magic'을 선사하기 위해 존재한다. 볼보는 '안전Safety'의 가치를 지키고 강화하기 위해 존재한다. 알리바바는 누구나 더 나은 삶을 살 수 있도록 평등한 기회를 만들고자 노력한다. 이 기업은 '공평Equity'을 지키기 위해 존재한다.

'왜'라는 질문은 기업의 본질이자, 경영 철학이며, 기업 운용의 근본 원리에 해당한다. 하지만 모든 기업이 이 '왜'라는 질문에 대한 답을 갖고 있는 건 아니었다. 골든 서클이 등장했을 때 모두 강박적으로 '왜'를 만들기 시작했다. 마치 '왜'를 만들면 매출이 증대될 것처럼 포장을 하는 사람들도 생겼다.

'왜'에 대한 대답은 매출을 위한 것이 아니다. 이는 오랜 지속가능성을 위한 일종의 철학적 태도, 쉽게 말해 인생의 좌우명 같은 걸 삼고, 그 지침을 실천하는 방식으로 기업 경영을 하라는 훈육적 성격을 지닌다.

나 역시 이런 입장에 동의하는 편이다. 내가 일을 해야

골든 서클

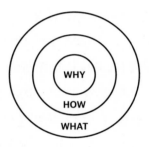

사이먼 사이넥의 설명을 요약하면 다음과 같다 : 지구상의 모든 조직은 자기들이 하는 일이 '무엇(What)'인지 알고 있다. 이는 그들이 파는 상품이나 서비스다. 몇몇 조직들은 자기들이 '어떻게(How)' 일해야 하는지 알고 있다. 이 '어떻게'는 그들을 다른 경쟁사들과 다르게, 특별하게 만든다. 매우 소수의 조직만이 자기들이 '왜(Why)' 그 일을 하는지 알고 있다. '왜'는 목적이다. 원인이자 신념이다.

*도표 인용 : Simon Sinek,《Start with Why : How Great Leaders Inspire Everyone to Take Action》, LLC Gildan Media, 2009.

하는 목적과 근본 이유를 정의해야만 명확한 철학을 갖고 주변에 휘둘리지 않는 주체성을 지닐 수 있기 때문이다.

전 세계 대부분의 기업은 매출과 이익을 중심으로 움직이기 때문에 이러한 주관을 갖기 어렵다. 주주 이익 실현이 아니라 철학 따위를 논하는 건 지극히 형이상학적이고 이상주의적 태도로 비칠 것이 분명하다. 그래서 누구도 이런 이야기를 적극적으로 주장하지 않을 것 같다. 게다가 '가성비' 문제로 경쟁하느라 출혈이 심한데, '철학'이라니… 비현실적인 이야기처럼 들릴 것이다.

브랜드로 먹고사는 어느 선배 컨설턴트 역시 "철학은 안 된다, 가성비다"라고 이야기했을 정도이니, 그들이 그러는 것은 이해가 된다. 하지만 자기 생각이 없으면 중심을 잃고 쉽게 흔들리듯이, 기업도 생각하는 대로 행동하고 실천하지 않으면 경쟁사에 휘둘리게 된다. 그냥 돈 버는 대로, 사는 대로 생각하게 된다. 그렇게 해서 돈을 벌수 있을지는 몰라도 더 오래 살아남는 브랜드로 성장하기는 어렵다.

오래가는 브랜드를 만들고 싶다면 '왜'의 문제를 고민해야 한다. 이는 철학의 문제다. 철학은 돈이 있건 없건 반드시 갖춰야 할 기본 소양이다. 기업이 존재 이유에 대한 철학조차 없이 어떻게 브랜드의 긴 앞날을 꿈꿀 수 있 단 말인가. 난 언제나 기획을 할 때 '왜'라는 문제를 고민 하고, 기업이 취할 수 있는 업의 본질을 고민한다. 이런 고 민은 기업이 어떻게 진화해야 하는지에 대한 포괄적 방향 을 제시할 것이라 생각한다.

'What if'라는 관점

우주선이 달을 향해 간다면 최초의 궤적 설정이 필요하다. 하지만 매 순간마다 조금씩 궤도를 수정해가지 않으면 결코 달에 도달할 수 없다. 기획에 따라서는 업의 본질을 고민하는 근본적인 프로젝트도 있는가 하면, 당장 시급한 마케팅적 차원의 전술을 고민해야 할 때가 있다.

당장 경쟁사가 1,000원을 할인해서 판매에 타격이 생길 것 같은데 한량처럼 앉아 "기업의 존재이유를 고민하십시오. 업의 본질을 정의해야 합니다"와 같은 이야기를 하고 있다가는 쫓겨나기 십상이다. 현실적인 문제는 현실적인 접근으로 풀어나가야 한다. 이럴 땐 방금 말했던 'Why왜'라는 관점보다, 'What if~면 어떨까'라는 관점으로 다양한 가능성들을 시뮬레이션 해보아야 한다.

가령, 경쟁사가 가격을 내렸을 때의 What if를 떠올려

보자 :

'나는 1,100원을 내리면 어떨까?'

'나는 가격을 더 올리고, 서비스를 강화해보면 어떨까?'

'가격은 유지하고 디자인을 더욱 멋지게 하면 어떨까?'

'개별 단가를 내리는 대신 2+1 프로모션을 해보면 어떨까?'

...

사실 현장을 고민하는 마케터와 임직원들은 이런 일상적이고 평범한 가설들을 세우고 장단점을 분석한 후 의사를 결정하는 일이 더 많다. 이미 많은 기업들이 다양한 통계자료와 전략적 판단을 통해 가정형 시나리오What-if Scenario를 검토해보고 최종 의사 결정을 진행하고 있다.

여러 가능성들을 모두 나열해두고 검토하는 것을 귀납법이라 한다. 모든 것을 다 조사하고, 조사 결과를 요약 압축하는 방식이다. 예를 들어 가격을 내릴 때 100원 할인, 200원 할인, 400원 할인 등 가격대별로 모두 실험해보고 가장 좋은 결과를 보인 최적의 가격을 정하는 식이다.

많은 경우의 수를 직접 검증하기 때문에 심리적으로 정확하다는 느낌을 받을 수 있고 안심이 될 수도 있다. 하지만 이러한 방식은 시간이 너무 많이 소요된다. 귀납적 태도를 고집하다 보면 급변하는 시장에서 결정해야 할 타이밍을 놓칠 수도 있다.

그래서 나는 해당 주제와 관련된 일반 원리나 법칙, 사전에 수립된 원칙이 없는지 가장 먼저 살피곤 한다. 매장 내 진열 패키지의 컬러를 두고 '빨간색이 낫다', '노란색이 낫다'라고 저마다 논쟁하고 있다면, 매장 내 제품 패키지 컬러에 관한 연구를 찾아보고 컬러가 주는 구매 영향력에 대한 모델은 없는지 찾아본다.

제품 브랜드 패키지에 기업 브랜드 로고가 들어가는 것이 나은지, 들어간다면 로고 크기는 어떻게 하는 게 좋은지 등 모든 경우의 수를 각각 디자인하여 일일이 실험해보는 것도 좋은 방법이지만, 나는 이런 작업을 할 때 일일이 실험하지 않는 편이다. 물론 충분한 시간과 예산이 주어지면 실험을 못 할 것도 없으나, 대부분 기업의 프로젝트는 그리 여유를 주지 않는다. 기업 프로젝트는 언제나 바쁘고, 언제나 촉박하게 진행되며, 언제나 급하게 발주된다. 결과도 빨리 보고해야 한다. 그리고 난 충분한 시간과 예산을 준다 해도 그 모든 경우를 다 실험하지는 않는다.

예를 들어 기업 로고를 제품 패키지에 넣을 것인지 말

것인지 여부를 정하고, 넣는다면 크기와 위치는 어떻게 해야 하는지 검토하는 프로젝트라 해보자.

먼저 기업 브랜드와 제품 브랜드 각각이 지닌 이미지를 따로 조사해본다. 두 이미지들이 서로 얼마나 연관되고 도움이 되는지 검토한다. 그리고 매장 내 패키지를 보는 소비자들이 해당 제품을 뭐라고 부르고 기억하는지 조사해본다(가령 '삼양 볶음면'이라고 부르는지, '삼양 불닭볶음면'이라고 부르는지, '불닭볶음면'이라고 부르는지). 그리고 기업 브랜드와 제품 브랜드 각각이 구매에 미치는 영향력이 어느 정도인지도 가늠해본다.

완성된 디자인 유형을 가지고 일일이 반응을 조사하는 것이 아니라, 몇 가지 지표가 될 만한 정보들을 조사, 검증하여 각각의 내용들을 겹쳐보면서 이론적 모델을 만든다. 일반적으로 많이 사용하는 X-Y축 '그리드' 모형을 만들어 네 가지 유형과 관점을 검토해볼 수도 있고, 전략적 판단을 로직 트리Logic Tree로 구성하여 살펴볼 수도 있다.

나는 그런 식으로 첨예하게 대립될 수 있는 서너 가지 관점으로 논의를 압축하는 편이다. 그렇게 압축된 관점 각각의 장단점을 분석한다. 그 기업이 그 옵션을 실천할 수 있는 역량과 조건을 갖추고 있는지도 해당 기업과 함께 검토해본다. 이런 식으로 검토한 후 다양한 이해관계자들의 의견을 구해 최종 결론을 도출한다.

'What if'라는 관점이 실제로 많은 경우 활용되지만, 그렇다고 'Why'라는 관점이 불필요하거나 중요도가 떨어지는 것은 아니다. 장기적인 방향성과 전략이 있어야만 미시적인 전술도 가능한 법이다.

멋진 생각은 분명 어딘가에 있다 : 키워드 추출법

아무리 브레인스토밍을 하고 좋은 걸 많이 보고 다녀도 멋진 생각이 갑자기 떠오르지는 않는다. 하지만 그 멋진 생각은 분명 어딘가에 있다고 믿는다. 우리는 그 생각에 다가가기 위해 다양한 생각의 지도를 그려나간다.

어딘가로 이동해야 할 때 지도를 보면 출발지와 목적지가 있다. 기획에서도 출발지와 목적지가 분명히 있다. 우리는 먼저 우리의 출발지가 어디인지 정확히 파악해야 한다(자기 진단). 목적지는 기획을 통해 얻고자 하는 목표다. 기획은 자기가 처한 상황에서 원하는 목적을 달성하기 위해 어떤 경로를 거쳐야 하는지 그려보는 행위다. 때에 따라서는 A-B-C-D를 경유해서 가야할 때도 있고, B-C구간에 차(경쟁사)가 몰려 있으면 A-F-D를 경유해서 갈 수도 있겠다. 다양한 경로를 그려보고 최단거리로 이

동할 방법을 찾는 게 기획이다.

새로운 아이디어를 발상해야 할 때도 마찬가지다. 출발지가 되는 핵심 가치Core Value나 편익Benefit으로부터 다양한 키워드 발상을 통해 가능한 많은 키워드 경로를 그려본다. 그렇게 다양한 키워드 맵을 그린 후, 마지막에 위치한 키워드나 중간에 위치한 키워드 가운데 기획의 목적에 부합하는 키워드들을 복수로 선택한다.

지금부터 출발지에 대입할 컨셉을 '마음 씀'이라 하고 이 컨셉을 바탕으로 고객 서비스 브랜드 네임을 만드는 상황을 가정해보자(실제 인천공항의 브랜딩을 맡았을 때 진행했던 프로세스다).

'마음 씀'이라는 컨셉을 중심으로 다양한 관점에서 다양한 키워드를 연상해본다. 최초의 키워드로부터 떠오른 1차 연상 키워드를 나열한다. 1차 키워드에서 연상된 키워드는 2차 연상에 적는다. 이런 식으로 과정을 반복한다. 연상은 멈추지 않고 계속 해볼 수 있으나, 가급적 3차 연상에서 멈추는 게 좋다. 연상의 단계가 멀어질수록 컨셉과 멀어져가기 때문이다.

이렇게 추출된 키워드들이 프로젝트 미션에 부합하는지 여부를 따져본다. 그 결과 우리는 '마음 씀'을 핵심으로 하는 고객 서비스 브랜드 네임을 가령 '청사초롱 서비스', '현미경 서비스'라 할 수 있고, 외국인들을 대상으로 한다면 'Heart Service'와 같은 영문 네임을 활용할 수도 있을 것이다.

키워드 발상 예시

컨셉	1차 연상	2차 연상	3차 연상(브랜드 네임)
마음 씀	헤아림	미리 알아봄	청사초롱 서비스
	진심	꾸미지 않는	Heart Service
	1 more think	깊이 보기	현미경 서비스
	…	…	…

인터넷에 검색을 하면 많은 아이디어 추출법들이 나온다. 다양한 방법론들을 보고 있자면 '어? 별 거 아닌데?' 하는 생각이 들지도 모르겠다. 도구가 화려하다고 해서 도움이 되는 건 아니다. 그리고 남들에게 맞는다고 해서 자신에게도 적합한 것은 아니다. 방법론을 활용한다고 무조건 좋은 결과가 나오지 않지만, 최소한 툴의 힘을 빌리면 잡다한 생각들을 일정한 형식으로 정리해볼 계기는 생긴다. 모든 방법론이나 공식들은 '최소한'의 관

점으로 이해되는 게 바람직하다. 아이디어를 쉽게 도출해내는 왕도Royal Road는 없다.

코카콜라와 평창 동계올림픽 :
광고 상상법

평소 광고를 보면서, 그 이면에 있을 법한 배경, 과정, 이유를 상상해본다. '~한 이유로 광고를 찍었겠군', '디렉터는 무슨 논리로 광고 컨셉을 설득한 걸까', '핵심 타겟은 50대 남성층이겠네. 왜냐하면…', '이번 광고는 효과가 좋을 것 같은데… 왜냐하면…'

예전 지방 출장 차 서울역에 갔다가 보게 된 광고가 있다. 역사 내부에는 코카콜라의 평창 동계올림픽 스폰서십 광고가 도배돼 있었다.

광고를 보며 여러 가지 의문을 던져보고 다양한 상상에 젖어든다.

'왜 평창 올림픽을 후원하는 걸까. 아시아 시장에서 매

2018년 1월 서울역사 내 코카콜라 옥외 광고 게재 모습.
스마트폰 파노라마 촬영.

출이 좀 나오는 건가? 투자할 만하니까 하는 거겠지?'

광고를 보던 당시 기침과 목감기로 고생을 하고 있었
는데, 눈밭을 배경으로 차가운 콜라를 마시는 청년들의
이미지가 와 닿지 않았다. 그래서인지 이런 생각이 든다.

'왜 하필 동계 올림픽이지? 겨울에 잘 안 마시는데…
콜라는 특성상 겨울에 매출이 잘 안 나올 거라서 오히려
더 광고를 하는 건가?'

또 다른 생각이 든다. 광고 모델 박보검을 보고 나니 박

보검의 팬을 자처하는 내 아내가 생각난다(박보검의 팬클럽
이름이 '보검복지부'라고 했다). '왜 박보검을 썼을까? 김연아는
동계 올림픽이니까 이해가 가는데, 박보검은 왜? ··· 박보검
은 20대부터 30대 후반 주부들까지 좋아하니까 두루두루
어필할 수 있겠구나. 그러고 보니 김연아랑도 잘 어울리네'
등등.

　　많은 의문과 상상을 뒤로 하고 기차를 탄다. KTX를 타
고 내려가는 동안 코카콜라 관련 기사와 자료들을 검색

해봤다.

한 기사[10]에서는 코카콜라는 '2000년대 들어 주춤하더니 최근 하락세'라는 내용과 '2015년 전 세계 지사에서 관리직 1600여 명을 감원한 데 이어 올해 4월에도 본사 중심으로 직원 1200여 명을 감원', '2016년 기준 코카콜라의 글로벌 직원 수는 10만 명으로, 5년 전의 15만 9000명보다 6만 명 가까이 감소'라는 내용을 찾아볼 수 있었다. 또한 '서구에서는 비만인구를 줄이기 위해 청소년 중심으로 탄산음료 음용이 자제되고 있고… 반면 아시아에서의 매출은 꾸준히 늘고 있다'는 내용이 이어졌다. 그리고 여러 자료를 찾아보면 코카콜라의 올림픽 후원은 90년이 넘었으며, 겨울 마케팅 역시 계절음료의 한계를 극복하기 위해 오래 지속되었다는 내용을 찾아볼 수 있다.

추론했던 내용들과 겹쳐보면, 코카콜라는 1. '서구보다는 아시아 시장에 공을 들여야 하는 상황'이라는 것과 2. '겨울 매출 감소 극복을 위해 계속 노력하고 있다'는 것을 알게 된다.

첨언하자면, '산타클로스'의 옷 색상이 흰색에서 빨간

---

10 '코카콜라, 평창 동계올림픽에 마케팅 올인…왜?', EBN, 2017.11.21.자.

색으로 바뀐 것은 코카콜라의 겨울 마케팅 때문이었다.

왜 광고인가? 광고를 보며 상상해보는 연습은 많은 장점을 가지고 있다.

먼저 광고는 재밌다. 부담스럽지 않고 질리지 않는다. 독서를 하는 것보다 훨씬 재미가 있다. 보통 광고에는 기업이나 제품의 이미지를 좋게 만들기 위한 이미지 광고와, 직접적으로 매출을 향상시키기 위한 마케팅 차원의 광고가 있다. 어떠한 유형의 광고든 그것들은 언제나 기업이 달성하고자 하는 목표를 설정하고 있다. 그래서 광고는 기업의 특정 목표를 읽어내는 충분한 연습 도구가 된다.

그리고 광고를 한다는 것은 기업의 예산이 집행된다는 것을 의미한다. 광고 예산은 이유 없이 집행되지 않는다. 예산이 집행될 때에는 기업 내 의사 결정 프로세스를 거치게 돼 있고, 나름의 합당한 논리와 전략을 검토하고 반론까지도 극복한 컨셉으로 광고가 만들어진다. 집행된 모든 광고에는 저마다의 논리와 탄생 배경이 있는 것이다. 그래서 무언가 추론할 거리가 많다. 내부 기업 관점, 경쟁 관점, 고객 관점에서 광고에 대한 추론을 해보는 건 그래서 해볼 만한 일이다.

그리고 기획자라면 그 광고를 어떻게 설득했는지도 재밌는 관전 포인트 중 하나다.

천 개의 눈,
천 개의 길

우리는 진화하고 있다. 인류 역사를 보면 그것은 분명해 보인다. 하지만 '소비자는', 혹은 '인류는 똑똑해지고 있다'는 말처럼 우리가 점점 똑똑해지고 있기 때문은 아니다. 생활과 사유의 양식을 규정짓는 도구의 힘이 인류를 진화된 방향으로 인도하고 있다. 그 도구는 지금까지 문자, 책, 현미경, 망원경, 인터넷, 스마트폰 등의 형식으로 나타났다.

진화의 과정 속에서 우리는 자유를 갈망해왔다. 신체의 자유, 경제적 자유, 언어적 자유, 사회 속 개인의 자유, 사상의 자유… 그리고 마침내 자유를 쟁취한 것처럼 보인다. 적어도 현대 사회에서는 목에 쇠사슬을 걸고 있는 노예가 없기 때문이다. 오히려 우리는 직접 투표를 통해 '자유롭게' 우리의 '주인'을 선출한다. 하지만, '주인을 자유롭게 선출하는 것은 주인이나 노예(제도)를 폐지하지는

---

11 H. Marcuse, 《One-dimensional Man》, Routledge, 2007. p.10.

않는다Free election of masters does not abolish the masters or the slaves.11'

여전히 우리는 '세련된 노예', 혹은 '숭고한 노예Sublimated Slave' 들이다. 여전히 플라톤이 말하는 인식의 동굴에 갇혀 동굴 벽만 바라보도록 쇠사슬에 묶여 있다. 최초의 쇠사슬은 태생적으로 주어진 것이었을지 모르지만, 현대의 삶을 살아가는 대다수 사람들은 그 쇠사슬을 '자발적으로' 선택한다. 자발적으로 정보제공에 동의하고, 기업의 광고에 세뇌당하며 '좋아요'를 누르고, 주어진 생활양식을 거부하지 않는다. '트렌드'라는 미명하에.

사회는 체제 유지를 위해 인정하는 범위 내에서만 자유로운, 공동체의 '사유의 습관Habit of thought'을 종용한다. 이 사유의 습관은 소비자의 니즈뿐 아니라 더욱 본질적인 심층욕망을 디자인한다. 그래서 소비자들은 자신이 무엇을 원하는지 알지 못한다. 그 욕망은 이미 조정된 욕망이므로. 애석하게도 그들은 자기 욕구의 진짜 주체가 아니다.

더 나은 공동체, 나아가 새로운 세계를 위한 새로운 '사유의 습관'은 이러한 현실을 목격하는 지점에서부터 시작된다. 하지만 그 목격의 지점에 도달하는 건 쉽지 않다. 현대 세계의 실체를 파악하고 무언가 준비하기 위해서는 기존 사유의 습관을 벗어나기 위한 다양한 시선을 연구하고 실천해봐야 한다.

Tausend Pfade gibt es, die nie noch gegangen sind, tausend Gesundheiten und verborgene Eilande des Lebens. Unerschopft und unentdeckt ist immer noch Mensch und Menschen-Erde.[12]

아직도 가보지 못한 천 개의 오솔길이 있다. 건강 상태도 천 개나 되며, 삶의 숨겨진 섬도 천 개나 있다. 인간과 인간의 대지는 무궁무진하여 여전히 발견되지 않은 것이 많다.

사람과 사람의 생활 방식은 천 겹이나 주름져 있고, 경험하지 못한 작은 길 또한 무수히 많다. 하나의 길에 대해서도 우리의 동공은 천 개의 주름을 갖고 있다. 사회와 자본은 우리를 주어진 대로 살고 교육받은 대로 생각하는 '일차원적 인간'으로 환원시킨다. 집요할 정도로 끊임없이! 그것도 매우 섬세하고 자상한 방식으로.

---

12   F. Nietzsche, "Von der schenkenden Tugend", 《Also Sprach Zarathustra(ASZ)》, Alfred Kroener Verlag in Stuttgart, 1988, p.83.

현대 사회에서 자유는 일종의 시뮬라크르Simulacre[13]다. 우리는 진정한 자유에 다가가기 위해, 자유의 진정한 차원으로 진입하기 위해, 지금까지 배우지 않았던 수천 개의 관점을 고안하고 연습해야 한다. 기획의 궁극적 목표는 더 나은 공동체, 더 나은 세계를 향해야 한다. 인간이 생각할 수 있는 가장 최선의 자유를 확보할 수 있는 그런 세계 말이다. 더 나은 세계를 향한 '내일의 기획'을 통해 온갖 상품과 서비스 이면에 주름져 있는 천 개의 눈과 천 개의 길을 발견하게 될 것이다. 그리고 이렇게 외치게 될 것이다.

모든 사물의 기원은 천 겹이다!

Aller Dinge Ursprung ist tausendfältig![14]

---

13 가짜 복제물. 원본을 모방한 것. 플라톤(Plato)은 '원본(이데아)'의 모방물인 '현실'을 다시 모방한 것을 '시뮬라크르'로 정의했다. 플라톤에게 있어 시뮬라크르는 부정적인 것일 수밖에 없었다. 들뢰즈(Gilles Deleuze)에 이르러 시뮬라크르는 객관을 가장한 진리의 부정을 의미하며, 진짜와 가짜의 구분은 무의미한 것이 돼버린다. 보드리야르(Jean Baudrillard)로 넘어오면 시뮬라크르는 원본 없이도 생산되고 존재 가능한 것이 돼버린다. 현대 사회의 많은 시뮬라크르들은 원본이 없으며, 원본은 이제 중요하지 않다는 말이다. 복제물이 원본을 대체하게 된다. 우리는 정치인이 아니라 우리의 욕망에 투표하게 되고, 상품이 아니라 이미지를 소비하게 된다. 최근 이런 이미지 일변의 흐름을 비판이라도 하겠다는 듯, '진정성'과 '사용가치', '절대가치' 등의 개념들이 브랜드 업계에 등장했으나, 그 역시 '진정성 있어 보이는 이미지', '사용성 좋아 보이는 이미지', '가성비가 좋아 보이는 이미지'로 환치 해석될 수 있다. 이미지는 이미 종교가 되어버린 듯하다.

14 원문은 "Aller guten Dinge Ursprung ist tausendfältig"이다. '좋은(guten)'을 빼고 인용했다., "Auf dem Ölberge", ibid, p.192.

Enough is not Enough

'게으름'에 대한 나의 정의는 육체노동 시간을 염두에 두지 않는다. 하루에 육체노동을 2~3시간만 하더라도 생각을 멈추지 않았다면 게으르지 않다. 판단을 재빨리 중지하고 결론을 손쉽게 도출하는 것, 너무나 손쉽게 '이 정도면 충분하다'고 생각하는 것. 그것이 내가 생각하는 '게으름'이다.

기획을 할 때 내 스스로 경계하는 건 '적당한 타협'이다. 밤새도록 고민을 해도 오후 3~4시에 생각했던 것에서 단 한 발자국도 나가지 못할 때도 있다. 그럴 때 예외 없이 찾아오는 악마가 있다. 바로 '타협'과 '게으름'이다 (슬로라이프Slow Life를 찬양하는 시대에 게으름을 탓하는 것이 시대착오적인 듯하지만, 맥락이 다르다는 것을 분명히 하자).

게으름은 '새로운 관점의 포기'를 의미한다. 기획자의

몸은 게으를지언정, 머리는 부지런히 움직여야 한다. 멍-
하니 앉아 특정한 곳에 시선을 고정시키고 앉아 있을 때
에도 머리는 끊임없이 생각과 고민을 거듭한다. 기획의
주제는 화두話頭가 되어 머릿속頭과 세치 혀舌에 착 달라붙
게 된다.

만일 '놀이공원'에 대한 기획을 할 때면 어떠한 대화를
하더라도 '놀이공원'과 연결 지어 해석한다. 기획이 시작
되는 순간부터 '놀이공원'은 내 화두가 된다. 밥을 먹을
때, 혼잣말을 할 때, 동료들과 일상적 대화를 할 때, 운전
을 할 때, 걸어 다닐 때도 끊임없이 화두를 되뇌며, 다양
한 키워드를 겹쳐본다. 때론 말장난으로 이어질 수도 있
으며, 때론 너무 무거운 아이디어가 될 수도 있으나, 두려
워 말고 동료들에게 이야기한다.

자유롭게 발상을 할 때엔 생각나는 대로 떠들어댄다.
이 정도가 돼야 게으르지 않다고 말할 수 있다. 생각을 정
리하여 말하는 것이 아니라, '떠들어대야' 한다. 무당이
작두 타듯 떠들기 시작하는 그 순간 기획의 굿판이 열린
다.

서로가 서로의 생각을 반드시 메모해야 한다. 그리고
떠들어댈 때에는 서로의 생각을 비판하지 않는다. 상대
의 생각에 표정은 변할지 모르나, 적어도 "그건 아닌 것

같다"고 말하지 않는다. 애매하면 "음…" 하고 맞장구만 쳐준다. 마음이 다급해지면 "그거 아닌 것 같다"는 말이 튀어나오는데, 다시 동료에게 작두 탈 용기를 주어야 한다.

"다시 생각하니 나쁘지 않은 것 같다. 다시 해보자!"

'떠들어댐'은 생각을 정리하고, 배열하고, 비판하려는 순간 멈칫하게 된다. 비판이 시작되면 브레인스토밍의 리듬을 탄 채 무당 방언하듯 단어들을 내뱉던 우리들은 '비판'이라는 더욱 강력한 귀신 앞에서 '신기神氣'를 잃게 되고 꿀먹은 벙어리가 된다.

최대한 생각을 많이 뽑아내고, 모두가 충분하다고 생각할 때까지 비판을 자제할 것. 그리고 기획을 할 수 있는 시간이 많이 주어지면 가급적 '이 정도면 충분하다'는 결론을 지연시킬 것. 충분한 것은 결코 충분하지 않다Enough is not enough.

의미의 이면합의

모든 것은 의미를 지니고 있다. 의미가 없어 보이는 것들도 '무의미의 의미'를 지니고 있다. 의미를 만들고 조정하는 것은 '맥락Context'이다. 맥락을 무시한 모든 해석은 추방되어야 한다. 맥락적 읽기는 관찰, 독서, 그리고 사유의 기본기이다.

맥락을 읽으라는 것은 표면적 의미 이면에 숨어 있는 또 다른 '의미들'을 읽어내라는 것이다. 다양하게 발견된 의미들 가운데 납득 가능한 방식으로 독자들의 동의를 얻게 되는 것들이 있다. 다시 말해 표면적 의미 뒤편에서 그럴 법한Plausible 것으로 이면합의된 의미들이다.

기호학에서는 일정한 맥락 안에 숨겨진 의미를 '공시共示, Connotation 함축, 내포'라 정의한다. 표면적 의미는 '외시外示, Denotation 지시, 명시'라 칭한다. 기획자의 생각은 '외시'를 정리한 후 반드시 이면에 있는 '공시'를 향해야 한다.

한 온라인 티켓 판매 회사를 컨설팅할 때의 일이다. 이 회사는 멤버십 서비스를 새롭게 브랜딩했는데, 멤버십 회원에게 제공할 웰컴킷Welcome Kit 가입 고객에게 제공하는 선물 세트을 구상 중이었다. 그들은 웰컴킷에 포함할 상품과 서비스 아이템을 무엇으로 할지 고민하고 있었다. 나는 그 아이템을 기획해달라는 부탁을 받았다.

당사의 한 임원은 내부 회의에서 "우리는 티켓을 판매하는 회사이니 '티켓을 보관할 수첩' 같은 것을 만들면 어떻겠느냐"고 물었다 한다. 나는 그 아이템이 진부하다고 답했다. 게다가 우리나라 기업들이 만드는 모든 선물용품에는 떡-하니 자기 회사 로고를 각인해버리는데, 어느 소비자가 그 로고 붙은 수첩을 자신 있게 들고 다니겠느냐 물었다. 세련된 2030 여성들을 타겟으로 하는 이 프로젝트에는 맞지 않았다.

사무실로 돌아와 고민에 빠졌다. 어떤 아이템을 만들 것인가. 가장 먼저 2030 여성들의 라이프스타일을 알아야 했다. 일련의 문헌 연구와 동시에 인스타그램에서 여성들의 사진을 쭉 살펴봤다. 그러다가 구글과 인스타그램에 관련된 해시태그를 입력해본다. '#Ticket'이라는 태

그를 이리저리 입력해봤다. 구글과 인스타그램에는 앞쪽 페이지와 같은 사진들이 등장하기 시작했다. 먼저 '외시'로 사진 분석을 시작했다.

외시Denotation **분석 :**

모두 티켓 사진이다. 사람의 손이 함께 등장한다. 맨 왼쪽 사진에는 전체 화면에 손과 티켓 두 장만 등장한다. 가운데 사진은 자동차 운전석에서 찍은 사진이며, 살짝 보이는 엠블렘의 크기와 비율, 형태로 보아 차는 토요타Toyota의 것으로 추정된다. 여성의 손에는 흰색 매니큐어가 칠해져 있다. 세 번째 사진의 여성은 빨간 매니큐어를 발랐고, 손목에는 구찌Gucci의 것으로 보이는 시계가 채워져 있으며, 티켓 두 장 뒤에는 샤넬Chanel 책자가 있다.

이 정도 외시 분석만으로 무언가 숨은 의미가 발견되지 않았다. 같은 해시태그로 된 더 많은 사진들을 관찰해봤다. 수십 장의 사진을 쭉 넘겨 보다 보니 공통점이 있었다.

바로 네일아트Nail Art였다. 여성들은 티켓 사진을 찍어 올릴 때 그냥 티켓만 올리지 않았다. 자신의 손톱을 강조함으로써 사람들에게 자랑하는 듯했다. '나 손톱까지 예쁜 여자야'라고 말하는 듯했다. 가만 보니, 처음 봤던 사진들 가운데 맨 왼쪽에 있는 사진만 티켓을 무심한 듯 올렸는데, 그 손을 다시 보니 남자의 손으로 보였다. 티켓을 찍어 올리는 남녀의 차이가 발견된 것이다. 이제 '공시'를 읽어보자.

공시Connotation **분석 :**

티켓을 올리는 사진은 '나 문화생활을 즐기는 교양인'이라는 의미를 함축한다. 그리고 티켓과 함께 등장하는 미장센은 자신의 경제력이나 고급 문화적 취향을 자랑하기에 충분하다. 아까 본 두 번째 사진의 여성은 외제차 엠블럼을 너무 노골적이지 않은 방식으로 노출함으로써 자신의 경제수준을 은근히 드러냈고, 세 번째 여성은 손목에 찬 럭셔리 시계와 뒤편에 놓은 샤넬 책자를 함께 노출함으로써 자신의 고급 취향을 자랑한다. 그리고 그녀들의 손톱에 칠해진 매니큐어는 자신이 매일같이 손을 마구 사용해야만 하는 육체노동자가 아님을 알려주며(특히 긴 손톱일수록), 손톱을 관리할 정도의 경제적, 시간적 여유가 있다는 것을 내포한다. 나는 이렇게 그녀들의 사진 속에서 고급취향, 미적 아름다움, 경제적 지위 등을 자랑하고픈 욕구를 발견했다.

이렇게 의미를 추출한 후에, 난 멤버십 웰컴킷 서비스로 네일아트 1회 무료 이용권을 넣자고 했다. 연회비를 내고 정기적으로 문화 공연티켓을 구매하는 VIP 회원에게는 네일아트 서비스를 제공해주자는 것이었다. 그렇게 해주면 그 여성들은 네일아트 서비스를 받고 티켓을 들고 있는 자신들의 아름다운 손을 사진 찍어 올릴 것이고, 이 서비스를 제공해준 회사의 브랜드와 멤버십 브랜드 네임을 해시태그로 달 수 있을 거라 생각했다.

나는 뮤지컬과 공연을 보러 가는 여성들의 옷차림도 살펴봤다. 그런 고급스러운 공연을 관람하러 갈 때 많은 여성들이 힐을 신는다는 걸 알게 됐다. 힐을 신고 1시간 반, 2시간을 가만히 앉아 있다니… 생각만 해도 힘들었다. 내 발목이 저려오는 듯한 느낌을 받았다. 그래서 '네일아트 서비스'와 함께, 핸드백에도 들어가 휴대하기 좋고 편하게 신을 수 있는 플랫 슈즈를 제공해주자고 했다.

그렇게 기획서를 제출하고 피드백을 기다렸다. 담당자는 내부 여직원들의 반응은 뜨거웠다고 전했고 위에 보고한 뒤 피드백을 주겠다 했다. 하지만, 불행히도 의사결정권한은 50대 남성에게 있었다. 그와 공감대 형성에 실패한 이 아이템들은 사장되었고, 결국 로고가 박힌 티켓 보관용 수첩이 다른 아이템과 함께 만들어졌다. 비록 초기 기획과는 다르게 진행된 프로젝트였지만, 의미 있는 발견이었다. 의미의 저편을 읽어보자. 기획자의 생각은 언제나 보이지 않는 것을 보려는^{See the unseen} 노력이어야 한다.

좋은 영화는 세 번 이상 본다

2010년 어느 대기업 A 임원에 대한 이야기다.

당시 영화 〈아바타^Avatar〉(제임스 카메론 감독, 2009년)가 유행이었다. 〈아바타〉는 3D 영화의 존재감을 드러낸 대표적인 영화였고 우린 당시 '세상에는 아바타를 본 사람과 안 본 사람으로 나뉜다'는 농을 치기도 했다. 국가의 ICT 정책을 브랜딩하는 프로젝트를 맡았을 때 그 회사의 다른 임원분과 담소를 나누던 중 이런 이야기를 들었다. A 임원께서 〈아바타〉를 무려 열 번을 보셨다는 거다. "왜요?"라고 묻자, 대단한 대답이 들려왔다.

"차이를 알기 위해서죠. 그분은 2D로 한 번 보고, 나머지 아홉 번은 3D로 보셨대요. 처음에는 맨 앞줄 왼쪽, 가운데, 오른쪽에 앉아서, 그다음에는 가운뎃줄 왼쪽, 가운데, 오른쪽, 그리고 마지막엔 맨 끝 왼쪽, 가운데, 오른쪽에 앉아서 그렇게 아홉 번 보셨대요."

대단했다. 시선의 방향에 따라 3D가 어떻게 다르게 보이는지 그 기술적인 차이를 분석하려 했다는 것이다. 의미보다는 기술에 초점을 맞춘 관람이지만, 시각 기술이 구현되는 양상을 A 임원은 열 개의 시선으로 관찰, 분석한 것이다. 대단한 광학光學이었다. 그 순간 그는 단순한 기술자가 아니라, 유능한 기획자가 된다.

나 역시 좋은 영화를 볼 때 적어도 세 번 이상 '읽는' 편이다. 먼저 관객의 입장으로 시나리오를 매우 충실히 이해하려는 관점에서 감상한다. 이후 감독과 스탭의 관점에서 영화를 다시 본다. 그 다음엔 배우들의 관점에서 다시 본다. 그렇게 입체적으로 영화를 보면 영화를 한 편만 보더라도 해석이 풍부해지고 관점이 확장된다. 배우의 연기력과 감독의 의도가 어느 정도 일치하는지, 시나리오가 의도하는 것을 스탭들이 얼마나 잘 구현하고 있는지, 관객들이 느끼는 것을 감독이 의도한 것인지 아닌지 등 다양한 생각과 시선으로 영화를 볼 수 있다.

촬영 기법과 시나리오를 겹쳐볼 때, 그리고 감독의 이력을 함께 고려할 때 나의 영화에 대한 해석이 어느 정도의 타당성을 지니는지 평가해볼 수 있다. 그런 식으로 본 영화들 가운데 가장 좋아하는 영화가 〈매트릭스Matrix〉(워쇼스키 자매 감독[15], 키아누 리브스 주연, 총 3편, 1999년, 2003년)다. 이 시리즈는 그 깊이 때문에 철학, 기독교, 그리스신화, 불교, 공각기동대, 영웅신화, 인공지능 등 다양한 관점에서 각 편당 최소 열 번 이상은 봤다. 하지만 아직도 고민해볼 것이 많은 영화로 혼자 시간이 남는 날이면 어김없이 컴퓨터에 〈매트릭스〉를 틀어둔다.

비단 영화뿐 아니라 책을 읽거나 어느 예술 작품을 감상할 때도 마찬가지다. 이탈리아의 기호학자이자 미학자, 소설가이기도 한 움베르토 에코Umberto Eco는 해석의 층위를 세 가지로 이야기한다.[16]

먼저, 텍스트Text를 생산한 저자가 의도한 의미가 있다(저자의 의미). 텍스트는 글, 영화, 회화, 미디어 아트, 건축, 음악, 행위예술 등 다양한 장르로 나타난다. 또한 사람 그 자체가 해독가능한 텍스트이기도 하다. 대부분의 독자들은 텍스트를 읽어낼 때 저자가 의도한 것이 무엇인지 파악하려고 애쓴다. 저자의 의도를 해독하는 수준에서만

---

15 매트릭스의 감독은 처음엔 워쇼스키 형제였고 이후 남매가 되었고, 지금은 자매가 되었다.

16 케임브리지 대학교에서 열린 태너 강연(The Tanner Lectures on Human Values)에서 움베르토 에코는 'Interpretation and Overinterpretation : World, History, Texts'라는 주제로 해석에 대해 강연했다.

텍스트를 읽고, 텍스트를 생산한 저자와의 커뮤니케이션을 통해 텍스트의 의미를 정박시킨다. 그러나 텍스트는 일단 만들어지기 시작한 그 순간부터 자기의 고유한 의미체계들을 만들어간다(텍스트 자체의 의미). 또한 독자들은 텍스트를 읽으며 자신이 처한 상황적 맥락과 지적 역량에 따라 자기만의 해석을 만들어간다(독자의 의미).

텍스트의 해석은 이렇게 '저자-텍스트-독자' 세 가지 층위에서 각각 생산된 해석들의 상호작용으로 이뤄진다. 독자의 해석은 무한정 과잉 확장될 수 없다. 에코는 텍스트 자체의 의미로 독자가 만들어내는 과잉 해석 Overinterpretation의 정도를 제한할 수 있다고 봤다. 무언가를 분석할 때 텍스트에 기반한 근거 없이 무작정 자기 마음대로 읽어선 안 된다는 말이다. 대학 시절 에코를 공부한 이후로, 내 독서습관은 이 해석의 층위를 존중하고 이해하는 방식으로 형성됐다.

나는 결코 책을 많이 읽지 않는 편이다. 분야별 바이블을 중심으로 두고두고 반복 독서하는 편이다. 먼저 텍스트 그 자체로서 지니는 의미를 해독한다. 그리고 저자의 사상적 포지션과 글을 쓸 당시의 맥락을 겹쳐 텍스트를 다시 읽는다(저자의 의도를 파악해본다). 그러한 독서와 생각이 이뤄진 후, 책에 대한 나의 생각을 정리한다.

책을 한 권 읽을 때에는 저자가 의도한 의미와, 텍스트가 그 자체로 지니고 만들어내는 의미가 있으며, 내가 읽으며 현재 나와 관련된 상황에 대입하고 해석하는 또 다른 차원의 의미가 있다. 영화를 네 번 이상 보는 것처럼 책 또한 다양한 해석의 층위를 염두에 두고 반복해서 읽어보자.

다르게 말하기

사물이나 특정 개념을 다르게 말하는 것만으로도 다양한 관점을 갖추는 훈련이 된다. 그리스어로 '알레고리Allegory'는 '다르게άλλος, allos 말하다άγορεύω, agoreuō'는 의미이다. 알레고리는 특정 대상을 비유적으로 혹은 다른 정의를 통해 설명하는 수사학적 장치인데, 반드시 말로 표현되지는 않는다. '사랑한다'는 말을 실제 '장미 한 송이'로 다르게 표현할 수 있으며, 때론 '윙크'로 표현할 수도 있다. 어떤 무언가를 다르게 표현할 수 있는 다양한 방식을 고민해보고, 괜찮은 것들은 별도로 메모해둔다.

종종 강의할 때 수강생들과 함께 해보는 놀이가 바로 이 알레고리다. 가령 '딸기우유'를 다르게 말해본다고 하자 :

'핑크 공주'

'핑크빛 소'

'The Pink'

'봄의 향기'

'S-Milk'

…

이외에도 다양한 표현들이 등장한다. 각각의 표현에서 많은 사람들이 인정하고 적절하다고 생각되는 것들을 추려 새로운 브랜드 네임에 적용하거나 커뮤니케이션 카피에 적용해볼 수도 있는 일이다.

우리가 흔히 알고 있는 '메타포Metaphor 은유' 역시 알레고리에 해당한다. 메타포는 의미적으로 유사하게 해석될 수 있는 다른 표현으로 특정 개념을 대체하는 것이다. 맥락에 따라서 '소화불량 상태의 복부비만'을 '빵빵하게 공기가 들어찬 고무장갑'으로 표현할 수도 있다. '열정을 가져라'라는 표현을 'Be the Reds'라고 표현할 수도 있다. 일반적으로 빨간색은 '열정'을 의미하기 때문이다.

다르게 말해보는 연습은 다르게 생각하는 관점의 훈련에 커다란 도움이 된다. 이 방법은 돈을 들이지 않고도 쉽게 다양한 관점을 훈련할 수 있는 효율적인 습관이 될 것이다.

ASICS

기획을 하다 보면, 날을 새는 경우가 많다. 날까지 새지는 않더라도 12시는 훌쩍 넘기고 내 경우 새벽 3시 즈음에 자는 게 일상이 돼버렸다. 그렇게 지쳐갈 때마다, 우루사로도 감당되지 않는 몸의 피로는 끊임없이 내 귀에 대고 악마와 같이 속삭인다.

"적당히 하라. 어차피 결론은 동일할 것이다."

졸음이 쏟아지면 생각은 게으름을 예찬하기 시작한다. 그럴 땐 억지로 일을 해서는 안 된다. 사무실 밖으로 나가 거리를 쏘다니거나, 사우나에 가서 잠시 쉬었다 오거나, 거북목과 딱딱하게 화석화되어 가는 허리를 풀어주기 위해 마사지를 받기도 한다. 그렇게 몸을 돌봐야 정신도 활발휘 움직일 수가 있다. 체력 관리에 실패하면 기획의 퀄리티 관리에 실패할 수밖에 없다. 그래서 기획하는 중간 중간에 쉬어줘야 한다. 하지만, 쉬는 것 역시 쉬엄쉬엄 쉬어야 한다. 몸과 머리를 너무 쉬게 하면 다시 기획하던 주제로 몰입하는 데 적지 않은 시간이 소요된다. 하루 잠깐의 휴식은 아무리 길어도 2시간을 넘기지 말자. 그날 컨디션이 정말 좋지 않다면 차라리 하루를 쉬는 게 낫다.

기획에 있어 체력과 몸 건강의 중요성을 생각하다 보면 '아식스ASICS'라는 브랜드가 떠오른다.

아식스는 1949년 오니츠카 기하치로가 설립한 '오니츠카타이거Onitsuka Tiger'를 전신으로 두고 있다. 이후 오니츠카타이거는 1977년 스포츠 의류 제조업체 GTO와 니트의류 제조업체인 JELENK와 합병했는데 회사 이름을 아식스로 변경했다. 'ASICS'는 'Anima Sana In Corpore Sano건강한 신체에 건강한 영혼'이라는 의미의 라틴어 격언에서 앞 글자를 이어 붙인 이름이다[17]. 그래서 아식스는 지금까지 'Sound Mind, Sound Body'라는 철학을 유지하고 있다.

나는 몰입할 때 몸을 혹사시키는 편이다. 심할 때는 화

---

17 이런 이름을 브랜드 네임에서는 두문자어(頭文字語)라고 한다.

장실도 안 가고 15시간 동안 책상에 앉아 있던 적도 있다. 아마 기획자들 대다수가 만성 수면부족에 시달리며, 몸 한두 곳 쯤은 고장 나 있는지도 모르겠다. 오래 버티고 오래 기획을 하고 싶다면, 몸 관리를 잘해야 한다. 애석하게도 난 이런 말을 할 자격이 없다.

하지만 특별히 운동 없이도 기획을 제대로 할 정도의 체력을 유지하고 있다. 동료들은 묻는다. 남들보다 잠도 덜 자고 더 많이 움직이며 몸을 축내기 일쑤인데, 프로젝트를 할 때 어떻게 가장 쌩쌩한 거냐며. 딱히 비결은 없다. 그냥 머리를 끊임없이 움직이는 것밖에. 머리를 계속 움직이고 생각을 지속하면 졸릴 틈도 없이 생각은 점점 깊어지고 새로운 생각을 만나게 된다. 새로운 생각을 하게 될 때의 희열과 짜릿함이 나를 더욱 깨우게 한다. 그러고 난 후 적당한 순간에 머리를 쉬어주며, 몸도 쉬어준다.

만일 생각을 계속 하는데도 아무것도 안 떠오른다면 둘 중 하나다. 사전 스터디나 공부의 깊이가 얕아서 떠오를 새로운 생각이 없거나, 머리를 맑게 할 만한 체력이 고갈되었거나. 그럴 땐 자기 상태를 정확히 판단해서 더욱 공부를 할 것인지, 쉬어줄 것인지 선택한다.

크리에이션을 한다며 공부를 많이 하지 않으면서 말

장난을 일삼는 친구들이 있다. 그건 기획이 아니다. 그들에게는 쉴 타이밍이 아니라, 공부를 해야 할 타이밍이 필요하다. 쉬어야 할 타이밍이라면, 무작정 멍 때리거나 잠을 자거나 사우나에 갈 것을 추천한다.

가급적 아침 미팅을 잡지 않는다

일상에서 남들을 최대한 관찰하고 그들의 이야기를 듣고 정보를 흡수하려면, 일과 중에 내 생각을 하고 내 공부를 할 시간이 줄어든다. 그런 시간은 대부분 남들의 일과가 끝날 때이다. 그래서 기획자들은 야행성이 많다. 실제로 다른 방해를 받지 않으며 기획을 할 수 있는 시간은 대개 일과 후다. 뭔가 억울하긴 하지만, 어쩔 수 없는 생활인 듯하다. 그래서 난 사람도 가려서 만난다. 가까운 지인들이 아니면, 같은 이야기만 반복되는 만남이나 일면식도 없는데 아무 용건 없이 그냥 만나는 일은 되도록 지양한다. 외향적인 성격도 아닌 데다 시간이 너무 아깝기 때문이다. 그런 만남에 1~2시간을 허비하면 내 수면시간은 3~4시간 줄어든다. 시행착오와 경험에서 우러나오는 이야기다.

혼자만의 공부를 하고 기획을 하다 보면 새벽을 넘길

때도 많다. 그래서 난 아침에 미팅을 잘 잡지 않는 편이다. 아침잠을 더 자야 하니까. 잠이 충분하지 않으면 그날 하루 일과를 망쳐버린다. 지각을 하더라도 잠을 더 자는 편이다. 우리 회사에서는 새벽까지 기획으로 고민을 하다 지각하는 경우는 문제시하지 않는다(하지만, 클라이언트와의 약속에 지각하면 가차 없다).

3년 4개월간 공군 장교로 복무했다. 기본 군사 훈련단에서 빨간 모자를 쓰고 그들보다 먼저 기상하고 그들보다 훨씬 늦게 자면서 훈련병 훈련을 시켰음에도 불구하고, 제대하는 그날부터 아침잠을 이길 수가 없었다. 나에게 아침형 인간이란 거의 불가능한 미션과도 가까웠다. 어릴 적부터 축적된 야행성의 기질 때문이다.

그날 하루 머리를 잘 굴리려면 아침에 5분, 10분이라도 더 자두는 게 낫다. 아침에 미팅을 잡게 되면 속을 편하게 하고 머리를 원활하게 돌리기 위한 워밍업, 미팅 장소로의 이동, 아침 미팅에 대한 시뮬레이션 등 사전 확보해야 할 시간이 적잖이 필요하다. 그런 시간 확보 없이 진행했던 아침미팅은 내 기준에서 대부분 실패였다. 내 머리가 멍했으므로. 게다가 아침에 지각까지 하게 되면 정말로 낭패다. 그래서 난 가급적 내가 먼저 오전 미팅을 잡진 않는다. 하릴없이 오전 미팅을 잡게 되면 전날 저녁

9시 정도에 잠을 청한다.

감사하고 미안하게도 아내가 육아를 도맡아주고 있지만, 퇴근 후에는 아이들과 잠시라도 놀아줘야 한다. 아이들을 재우고 나면 내 일을 해야 한다. 잠을 일찍 잘 수 없는 형편이다. 아침에 미팅 없이 여유로운 시간을 확보해야 그날 마음 편하게 업무를 볼 수 있는 것 같다.

기획을 최적화하기 위한 시간대를 명확히 파악하고 생활을 그에 맞춰보자. 대다수의 현대인들이 살아가는 방식이 반드시 나에게도 맞는 방식은 아니다. 전국에서 '아침형 인간'을 떠들어댈 때 난 그와 관련된 내용은 한 자도 읽지 않았다. 관련된 뉴스가 나오면 채널을 돌렸다. 아침 일찍 일어나 사무실에 출근을 해도, 조금 늦게 일어나 출근을 해도 퇴근이 늦는 건 매한가지였던 시절이다.

세상을 온갖 방식으로 마음에 담아두어야 하는 기획자로서는 머리를 절대적으로 쉬어줘야 할 시간이 필요하다. 만일 늦게 잠을 잘 수밖에 없는 생활이라면, 가급적 아침에 중요한 일을 약속하지 말자. 가능하다면 늦게 출근하는 방법을 기획해보자. 그것도 안 되면 출근한 후 어떻게든 틈틈이 쉴 수 있는 방법을 생각해보자. 하지만, 대부분의 직장인이 그렇게 하기는 쉽지 않다. 내가 창업을 하기 전 직장생활을 할 때 했던 방법들인데, 잠시 화장실 가서 낮잠을 자든, 당당하게 상사에게 말하고 사우나를 다녀오든, 차라리 병원에서 링거를 맞으며 잠을 청하든, 그래도 마음이 불편하면 차라리 반차를 써서라도 쉬었다 오자. 단 그런 부탁은 친한 상사에게 할 것. 그리고 그날은 일을 제쳐두고 무조건 쉬어둘 것. 아마도 나는 영원히 아침형 인간이 될 수 없을 듯하다.

우리의 일상은 기획의 연속이다.

우리의 일상 자체가 기획의 연속이다. 우리는 지하철을 타고 퇴근할 때 어쩔 땐 그날의 기분에 따라 다른 노선으로 갈아타고 새로운 경험을 시도해본다. 회식 장소와 메뉴를 정할 때도 늘 가던 술집에서 벗어나 참신한 장소를 발견해내는 능력도 갖고 있다. 연인과의 데이트를 기획하는 것도 당신의 몫이며, 매년 돌아오는 죽마고우의 생일에 질리지 않는 선물을 고르는 기획 역시 당신의 몫이다. 아내의 심기를 건드리지 않으면서도 연속 이틀 술자리를 할 수 있는 것 또한 당신의 기획력 때문에 가능한 일이다.

잘못을 저질러 사과를 하고 용서를 구하는 말과 행동 역시 진심을 어떻게 디자인할 것인가에 대한 포장 없는 기획이다. 복장에 따라 걷는 걸음걸이와 자세를 어떻게 할 것인지, 처음 보는 사람에게 자기소개는 어떻게 할 것인지, SNS에는 무슨 사진과 무슨 글을 올릴 것인지, 하나부터 열까지 기획이 아닌 일이 없다.

그런 일상의 기획들이 모여 내 인생의 작은 오솔길들을 채워가고, 그동안 걸어보지 못한 새로운 오솔길로 나를 안내해준다. 이내 우리는 그 기획의 힘을 통해 우리 인생이 천겹, 만 겹의 가능성으로 구성돼 있음을 직감하게 된다.

바로 그 개인의 가능성들은 공동의 가능성으로 확장되어 보다 나은 세상을 위한 가능성의 실험으로 우리를 초대한다. 기획은 언제나 보다 나은 생활을 위한 것이었다. 좀 더 나은 내일을 위한 작은 차이의 연습. 그것이 기획의 본질이다.

더 나은 세상을 위한 더 멋진 기획자들이 필요하다. 그리고 세계에 대한 기획을 실천하도록 종용하는 기획자들도 점점 더 많아져야 한다.

'공동체의 보다 나은 삶'에 대한 내 생각은 학부 시절 칼 마르크스Karl Marx의 박사학위 논문을 읽으면서부터 시작됐다. 그 생각은 마치 하나의 유령처럼 내 인생 주변을 어슬렁거리고 있다. 공익 브랜드 커뮤니티 '매아리(매일

부르고 싶은 아름다운 이름)'를 기획한 것도, 디자이너, 전략가, 네이머, 철학자를 한데 모아 브랜드를 연구하고 고민하는 연구 공동체 엘레멘트컴퍼니를 설립한 것도 그 때문이다.

원자화된 개인의 알량한 자존심과 작은 힘만으로는 지식의 뿌리를 내리기 힘들고, 사유의 전통과 양식을 전파하기 어렵다. 회사 유지를 위한 인건비는 언제나 고민이지만, 그런 고민으로부터 자유로워지기 위해 우리는 함께 기획을 하며 극복해간다. 프로젝트 목적에 상관없이 우리의 기획이 거듭날 때마다 '사람'과 사람이 밟고 서 있는 이 땅에 대한 윤곽이 조금씩 그려지는 듯하다.

그렇게 기획의 '멋진 신세계'는 어제도, 오늘도, 내일도 끊임없이 그려질 것이다. 어제의 기획은 오늘의 기획으로, 오늘의 기획은 내일의 기획으로 이어진다. 하지만 중요한 것은, 우린 언제나 '현재'를 살아가고 있으며 당장 필요한 것은 '현재화된 기획'이라는 사실이다.

기획의 현재를 논하며 현재화된 기획을 공유하는 것은 기획자의 중요한 책무다. 기획은 신체와 인식을 얽어매는 온갖 경제적, 정치적, 사회적, 문화적 쇠사슬을 끊고, 모든 획일화의 장벽을 넘을 수 있는 도구를 마련하는 일이다. 그렇게 장벽을 넘어 우리는 조금씩 자유라는 실체를 파악하게 될 것이다.

그렇게 우리는 장벽을 기어오를 것이다.
하지만 장벽은 지금 이 순간에도
끊임없이 견고해지고 높아지고 있다.
그러나 우리 또한 그 장벽에 달라붙어
여전히 기어오르고 있다.
기획자에겐 이 '여전히'가 중요하다.
'중력'이라는 악령은 우리를 끊임없이
아래로 끌어내리려 시도하지만,
우리는 어제보다 좀 더 나은 '차이'의 힘으로
어제의 중력을 극복해간다.
패배한 중력은 점점 더 간교해진다.
그것은 우리를 보다 강력하고 일상적인,
너무나 획일적인 '사유의 습관'으로 추락시키려 한다.
그럴수록 우린 함께 장벽 뒤편에 기다리고 있는
자유와 행복을 상상하며
장벽을 기어오른다. 그리고는 ―

장벽에 달라붙은 채로,

장벽을 올라가는 서로에게,

그리고 아직 장벽 안쪽에 머물고 있는 그들에게 외친다.

생은 아직도 극복할 것이 많이 있노라고.

Ewige Wiederkehr des Gleichen
동일한 것의 영원한 반복

나는 오늘도 의미를 읽는다.

브랜드를 만든다.

브랜드를 통해 의미를 만든다.

브랜드는 공동체를 위한 상징이어야 한다고 믿는다.

그렇게 기획자가 된다.

기획자의 습관

초판 발행 · 2020년 11월 11일
개정판 2쇄 발행 · 2024년 7월 2일

지은이 · 최장순
발행인 · 이종원
발행처 · (주)도서출판 길벗
브랜드 · 더퀘스트
출판사 등록일 · 1990년 12월 24일
주소 · 서울시 마포구 월드컵로 10길 56(서교동)
대표전화 · 02)332-0931 | **팩스** · 02)323-0586
홈페이지 · www.gilbut.co.kr | **이메일** · gilbut@gilbut.co.kr

기획 및 책임편집 · 송혜선(sand43@gilbut.co.kr) | **제작** · 이준호, 손일순, 이진혁
마케팅 · 정경원, 한준희, 김선영, 이지현, 류효정 | **영업관리** · 김명자 | **독자지원** · 윤정아, 최희창

표지디자인 · 레이몽 사비냑 & 디스커버 | **CTP 출력 및 인쇄** · 예림인쇄 | **제본** · 예림바인딩

- 더퀘스트는 ㈜도서출판 길벗의 인문교양·비즈니스 단행본 브랜드입니다.
- 잘못 만든 책은 구입한 서점에서 바꿔 드립니다.
- 이 책에 실린 모든 내용, 디자인, 이미지, 편집 구성의 저작권은 (주)도서출판 길벗(더퀘스트)과 지은이에게 있습니다. 허락 없이 복제하거나 다른 매체에 실을 수 없습니다.

ISBN 979-11-407-0379-1 (03190)
(길벗 도서번호 040263)
정가 17,500원

페이스북 www.facebook.com/thequestzigy
네이버 포스트 post.naver.com/thequestbook

이 서적 내에 사용된 일부 작품은 SACK를 통해 ADAGP와 저작권 계약을 맺은 것입니다.
저작권법에 의하여 한국 내에서 보호를 받는 저작물이므로 무단 전재 및 복제를 금합니다.